Puentes históricos de Madrid
tipologías y evolución

Puentes Históricos de Madrid
tipologías y evolución

Pilar Corella Suárez

ediciones
LA LIBRERÍA

© De esta edición: Ediciones La Librería, 2016
C/ Mayor, 80
28013 Madrid
Telf.: 91 541 71 70
E-mail: info@edicioneslalibreria.es

Cubierta y maquetación: Pura Portero Azorín

Ilustración de portada: *Puente de San Fernando sobre el río Manzanares en el Camino de El Pardo*, por Eduardo Flórez, c. 1875, acuarela (*Recuerdos de El Pardo*, Patrimonio Nacional).

ISBN: 978-84-9873-304-4
Depósito Legal: M-32981-2015

Impreso en España/*Printed in Spain*

A mis hijos.
A mis padres.

ÍNDICE

Capítulo I
Un recorrido histórico por los puentes de la Comunidad de Madrid

Un recorrido histórico por los puentes de la Comunidad de Madrid es un trabajo de recopilación, estudio y reflexión relativo a una parte esencial de nuestra historia colectiva como patrimonio cultural, progreso colectivo, como patrimonio cultural que abarca un ámbito cronológico desde la antigüedad hasta el siglo xix, cuando los sistemas constructivos de la ingeniería de puentes sufren una transformación radical con la generalización del hierro como material constructivo.

Desde ese punto de vista pretendo trazar un itinerario particular sobre la arquitectura y construcción histórica de sus puentes, la problemática que plantean las identificaciones tipológicas, la valoración documental de los hechos del pasado que son consecuencia de los del presente, y la riqueza cultural indudable de la Obra Pública como patrimonio de todos; además, el análisis histórico riguroso, la singularidad de algunas construcciones –desaparecidas o existentes–, la importancia del Rey y del poder público en la decisión de numerosas obras estudiadas; y el valor de los proyectos antiguos como documentos del pasado de los que debemos aprender y guiarnos, especialmente si se trata de restaurar esas mismas obras.

La relación de las obras referenciadas es extensa aunque no absoluta; en definitiva el conjunto de la obra estudiada abarca dos ámbitos: puentes urbanos y puentes o elementos en el llamado históricamente Territorio Madrileño –la Comunidad de Villa y Tierra– que desde el siglo XVIII prefigura la antigua Provincia de Madrid, hoy Comunidad de Madrid.[1]

El puente se ha configurado siempre como un elemento fundamental de la red de comunicaciones terrestres, que va unido a sus características climatológicas –que condicionan los regímenes hídricos– y orográficas, por lo que se hacen necesarias unas breves indicaciones de cómo son los ríos de la Comunidad de Madrid. Los puentes se encuentran situados sobre ríos con unas características significativas siendo los más destacados: los ríos Tajo, Guadarrama, Jarama, Henares, Alberche, Manzanares, Lozoya, Tajuña, Henares y otros, que pertenecen a la vertiente atlántica, pues desembocan todos en el Tajo, y este lo hace en el Océano Atlántico. El río Tajo recorre el sur de Madrid y recibe las aguas del resto de los ríos de la Comunidad.

Los ríos de nuestra comunidad son cortos, poco caudalosos y de régimen irregular, lo que condiciona enormemente su caudal a lo largo del año hidrológico. Algunos documentos de los siglos XVIII y XIX nos indican cómo el río Abroñigal era –en algunos años secos o muy secos, sin nevadas– prácticamente inexistente.

Seis son las cuencas o subcuencas hidrográficas:

1. Cuenca del río Duero –de pequeña extensión–, al norte de la Comunidad y casi en la cabecera del río Jarama.

2. Cuenca del río Tajo.

---

[1] Carlos M. Vera Yagüe (1991), «Espacio, poblamiento y señorialización en el Madrid Bajomedieval: La Comunidad de Villa y Tierra de Madrid, el sexmo de Valdemoro y las Encomiendas de la Orden de Santiago en la ribera del Tajo», *Villa de Madrid*, num. 105-106. Madrid, p. 62-77.

3. Subcuenca del río Jarama.
4. Subcuenca del río Alberche.
5. Subcuenca del río Tiétar.
6. Subcuenca del arroyo Guatén.

La abundancia del caudal de estos ríos es considerable de manera irregular y en tiempos pasados aún lo fue más –siglos XVI a XIX– cuestión que hay que tener presente cuando analizamos la oportunidad o no de la construcción de un puente, y el punto exacto de su ubicación.

Es indudable la relación del puente con su entorno inmediato y con la acción antrópica quedando incardinado en lo que podemos llamar «paisaje cultural», que explicaría la relación del Hombre con la Naturaleza, por ello no es casual que algunos puentes tengan la denominación de «verdes» porque se pintan de verde para mimetizarse mejor con ella.

No olvidemos la dimensión educativa y de divulgación que va implícita en todo trabajo de investigación; el puente nos lleva directamente a «hablar con la naturaleza» y el contacto directo con ella es una forma muy antigua –desde Grecia– de educar el carácter, tal y como se propuso desde una innovadora óptica pedagógica la Institución Libre de Enseñanza, que potenció en nuestra región desde finales del siglo XIX el descubrimiento y puesta en valor de la Sierra de Guadarrama, por parte de sus seguidores y discípulos, y más adelante, de otras comarcas de gran potencial cultural y entonces bastante desconocidas. En 1886 se constituyó por parte de naturalistas y educadores la Sociedad para los Estudios de Guadarrama. Los puentes son siempre elementos admirados y respetados por los amantes de la naturaleza, así como por senderistas y ciclistas.

Diego Velázquez nos descubrió la gran belleza de la Sierra de Guadarrama –la valoración de la luz– y por ello fue el pintor que más influyó en los paisajistas españoles del siglo XIX, que se educaron en la Cátedra de Paisaje creada a partir de 1844 por la Real Academia de Bellas Artes de San Fernando de Madrid, al mismo tiempo que se desarrollaba una gran actividad científica de conocimiento relativa a ella.

La pintura decimonónica sobre nuestras sierras, paisajes y ríos –y no solo como fondo– en la que descubrimos relieves, jardines de la sierra, la ribera del Manzanares, el pico de Peñalara, los pastores en su hábitat, La Najarra, el río Lozoya, el Valle de Villalba, paisajes de El Escorial, paisajes de lagunas, La Maliciosa, el río Guadarrama y tantos otros son una buena muestra de todo ello, y su recuperación una de las grandes aportaciones que ofrecer a las generaciones futuras.[2]

De la antiguedad a Palladio

La península, Iberia, se fue transformando en Hispania en un proceso lento en el tiempo y con abundantes dificultades de toda índole, que se incardinó a una serie de factores económicos, sociales, religiosos y políticos dando lugar al fenómeno que conocemos como romanización –aculturación– y no cabe duda que la huella icónica de las obras públicas durante ese proceso pasó a etapas futuras y se hizo sentir hasta finales de la edad moderna.

El espejo del artista era o deseaba ser Roma; sus obras públicas, en especial, gozaban de una credibilidad sin fisuras, todo tenía que tener la referencia a Roma y «a la ma-

[2] AA.VV. (1998), *Madrid y la Sierra de Guadarrama*. Exposición Museo Municipal de Madrid. Madrid; Javier Maderuelo (2010), Paisaje y Patrimonio. Abada Editores.

niera antica» para su consideración o consistencia. De todo ello vivió la Edad Media donde la influencia romana fue imperante. Tanto en la España cristiana como en al-Andalus incorporaron la construcción a la romana, aunque de peor calidad en sus materiales y en los procedimientos de las propias obras a restaurar o reedificar, a la manera de las antiguas, porque Roma no vio necesario apoyar el trabajo de cantería –que entendía como un campo especializado de la construcción– que hoy conocemos como estereotomía.[3]

Durante la edad moderna se consideraba que ningún otro pueblo como el romano había construido a la vez con tanta firmeza, armonía, utilidad y decoro (firmitas, utilitas, venustas, según Vitruvio). Por ello no es extraño que la tratadística del Quattrocento y del Cinquecento influyera en momentos tan tardíos como el siglo XVIII.

De la ingeniería y construcción de puentes se han ocupado los más conocidos tratadistas de esos siglos, un poco en la idea vitruviana de escribir sobre «las cosas de la construcción». Así Leone Battista Alberti (1404-1472, arquitecto, pintor, humanista) en su obra *De re aedificatoria*, redactada hacia 1452, Antonio Averlino llamado Filarete (1400-1465), artesano y arquitecto en su libro *Architettonico* como él lo llamó (edición facsímil, New Haven, 1965); Sebastiano Serlio (ha. 1475-1554/5, pintor, arquitecto y teórico de la arquitectura) en *Tutte l'opere d'architettura*, o Vicenzo Scamozzi (1552/57-1616, arquitecto, teórico de la arquitectura) en *Dell'Idea dell'architettura universale di Vicenzo Scamozzi divisa in X Libri*, Venecia, edición del autor en 1615 y muchos más. Sin embargo nos queremos detener

3 AA.VV. (2008), *Ars Mechanicae*. Ingeniería Medieval en España. Exposición. Madrid, CEHOPU, Ministerio de Fomento.

en las consideraciones sobre la construcción de puentes del arquitecto Andrea Palladio. Toda esta literatura artística especializada fue conocida por los maestros y constructores españoles del Renacimiento, además de otros artistas de las artes plásticas; es muy conocido el supuesto ejemplar que de la edición italiana del «vitruvio» poseía El Greco, según inventario de sus bienes. Juan de Herrera también poseía un ejemplar en su amplísima biblioteca de arquitectura, la mejor de su época en un profesional.[4]

Andrea Palladio (1508-1580, arquitecto) y su tratado *I quattro libri dell'architettura* (Venecia, Domenico de Franceschi, 1570), es una obra de referencia en la historiografía universal. En ella se ocupa no solo de los principios generales de esta y de los órdenes clásicos, sino también de la construcción de villas, palacios, puentes, edificios civiles, templos e iglesias cristianas. Palladio no era un escritor abstracto, era práctico y directo especialmente cuando abordaba las situaciones reales, los problemas que se plantean en la construcción de los edificios concretos, tanto antiguos como modernos. Por ello nos parecen pertinentes sus reflexiones sobre la construcción de puentes.[5]

El arquitecto se extiende sobre la construcción de puentes en el *Tercer libro de la arquitectura*. El libro tercero tiene XXI capítulos de los cuales desde el IV al XV se ocupan de

---

[4] Dora Wiebenson (1982), Los Tratados de Arquitectura. De Alberti a Ledoux. Editorial Blume. Madrid.

[5] Andrea Palladio (1998), *Los Cuatro Libros de Arquitectura*. Editorial Akal, Fuentes del Arte/6, Madrid. La difusión del libro de Palladio queda bien constatada por diferentes estudios; además el maestro montañés Ribero Rada inició su traducción para España en 1578, solo ocho años después de la edición italiana, aún en vida del autor. Sobre todos estos aspectos José Miguel Muñoz Jiménez «Los libros del Cantero», en *Historias de Cantabria*, núm. 9. Santander, 1992, p. 25-48.

ellos, es decir, doce. Comienza considerando lo que se debe advertir al fabricar los puentes y del sitio que se debe elegir. Esta no solo es una consideración sino que la documentación histórica nos demuestra que fue una de las grandes preocupaciones a la hora de proyectar un puente, tanto de los poderes públicos como del constructor. De ello dependerá que los puentes sean cómodos, bellos y duraderos.

> «Serán cómodos cuando no se alcen sobre el resto del camino y, aun alzándose, sean de subida fácil (...); se elegirá el lugar al que desde todas partes se pueda llegar fácilmente, es decir, que esté en el centro de la provincia o en el centro de la ciudad... y no en un extremo donde solo pueden usarlo unos pocos. Por lo que se elegirá aquel lugar en el que el río sea menos profundo y tenga su álveo o fondo igual y duradero, es decir, de piedra o de toba, porque... la piedra y la toba son basamentos muy buenos en el agua».[6]

Seguidamente pasa a considerar la construcción de puentes de madera (capítulo V, *op. Cit.*) y puentes de piedra (capítulo X, *op. Cit.*). En cuanto a los primeros advierte que son los convenientes bien para una sola ocasión, bien para una que sirva siempre de utilidad a todos. En el siglo XVIII nuestro Pontón de San Isidro sobre el río Manzanares se ponía con ocasión de la festividad del santo y se desmontaba después; su utilidad era concreta y efímera, para dar comodidad a la población durante unos días de gran afluencia a la Pradera y Ermita del Santo.

Palladio cita el puente de madera que mandó construir Julio César en el Rhin (capítulo VI, *op. Cit.*), el primer puente construido por Hércules en el Tiber –el llamado Puente

---

6 *Op. Cit.* Nota 5, p. 275-276.

Sacro–, y también habla de otro, el Puente Sublicio. Estos puentes de madera «se deben hacer de manera que estén bien sujetos y trabados con maderos gruesos y fuertes, de modo que no haya peligro de que se hunda ni por la concurrencia de personas y animales, ni por el peso de carruajes y artillería que pase por encima, y no puedan ser arrastrados por las inundaciones y crecidas de las aguas… Los maderos, tanto los que van hincados en el agua como los que dan la anchura y longitud del puente, deben ser largos y gruesos según lo requiera la profundidad, la anchura y la velocidad del río».

A continuación se ocupa del Puente de Cismone en Bassano (capítulo VII *op. Cit.*) cuya invención es muy digna de consideración, incluyendo un atractivo dibujo; es un puente hecho con palos en el río. Pero según Palladio también se pueden hacer puentes de madera sin poner palos en el río; son muy excepcionales y no ha visto ninguno en Italia pero indica que Alessandro Picheroni, de Mirandola, le dijo que había visto uno en Alemania. Propone el arquitecto tres procedimientos y modelos para este tipo de puentes. En el capítulo IX se ocupa íntegramente del puente de Bassano, de madera cubierto, que también dibuja.

Los capítulos restantes, X a XV, se dedican a los puentes de piedra, de lo que se debe observar al edificarlos, del puente de Rimini, del de Vicenza que está en el Bacchiglione y otro en el Retrone (Puente delle Beccarie) y, además, de dos puentes de piedra de su invención. En los puentes de piedra Palladio considera que hay cuatro partes: «(…) los extremos que se hacen en las orillas, las pilas que se hincan en el río, los arcos que son sustentados por dichas pilas, y el pavimento, que se hace encima de los arcos».

Los extremos del puente serán firmes, las pilas –que se hacen a lo ancho del río– serán pares porque tal distribución es más hermosa de ver y hace la obra más firme, y porque el curso en el centro del río es más veloz, está libre y no daña las pilas con el continuo golpear». La distribución de las pilas también es importante, deben caer en la parte del río donde el curso de las aguas sea menos rápido. El puente se cimentará en la estación seca del año, «esto es, otoño; y si el fondo del río es de piedra o de toba, o bien de escaranto, que es un tipo de terreno que tiene en parte piedra, se obtendrán los cimientos sin más fatigas de excavación, porque tales tipos de fondos son muy buenos por sí solos. Pero si el fondo del río es de guijo o de arena, se excavará hasta que se encuentre terreno sólido, y cuando esto fuera difícil se excavará un poco en la arena o en el guijo y después se harán empalizadas o de palos de roble, los cuales, con las puntas de hierro que se les hagan, lleguen a fondo sólido y firme. Para hincar las pilas se debe cerrar solamente una parte del río y en esa construir, a fin de que por la parte dejada abierta el ímpetu del agua mantenga su curso. En cuanto a las dimensiones de las pilas estas no deben ser más delgadas de un sexto de la anchura del arco, ni más gruesas de un cuarto; se harán con piedras grandes –el *opus quadratum* clásico–, las cuales se trabarán con arpones o con clavos de hierro o de otro metal, configurando una sola pieza. Los frentes de las pilas se suelen hacer angulares, es decir, que tengan en su extremidad un ángulo recto. También en semicírculo, para que corten el agua y hagan que las cosas que son arrastradas con impetuosidad río abajo, al chocar con ellas, se aparten de las pilas y pasen por el medio arco».

«Los arcos se deben hacer bien firmes y fuertes y con piedras grandes que estén muy bien unidas, a fin de que puedan resistir el continuo pasar de los carros y sostener el peso que por cualquier razón pase por arriba. Son muy fuertes los arcos que se hacen en semicírculo –de medio punto– porque apoyan en las pilas y no se topan unos con otros. Pero si por la calidad del sitio y por la disposición de las pilas el semicírculo entero estorbase por la altura excesiva, haciendo la subida del puente difícil, nos serviremos del rebajado, haciendo los arcos que tengan de flecha un tercio de su diámetro, y en tal caso los cimientos se harán, en las orillas, muy fuertes. Los puentes se deben adoquinar del mismo modo en que se adoquinan las calles…» (*op. Cit.*).

Capítulo II
Evolución histórica de los puentes de la Comunidad de Madrid

La herencia romana y medieval

El pasado romano de nuestra región, los asentamientos urbanos y villas, las calzadas, la toponimia abundante (*Complutum, Miacum, Titulciam* y otros) hace que seamos deudores de la experiencia romana en la elevación y construcción de puentes; pero ¿cuántos puentes son realmente romanos? Los siglos posteriores a la Baja Antigüedad, la Alta Edad Media, la dominación musulmana con su gran importancia en nuestra Comunidad y la posterior hegemonía cristiana nos obliga a pensar que se debieron reutilizar, reconstruir y rehabilitar las obras del periodo anterior: calzadas, puentes, acueductos, castros y ciudades amuralladas. El conocimiento expreso y la experiencia adquirida en este proceso sirvió de base y modelo para nuevas obras. A todo ello se añadía, además, como ya hemos comentado anteriormente, el enorme prestigio de la obra pública romana.

Los puentes de esta etapa que se parecen o imitan a los que hicieron los romanos podríamos denominarlos «románicos» y también los posteriores, pero no los góticos[7]. Se identifican fundamentalmente por su tipología de arco de medio punto o rebajado, uno o varios vanos usualmente no simétricos, algunos con mamposterías y sillares cuidados, o sillarejos,

[7] En la Comunidad de Madrid no se conservan puentes con arcos apuntados.

que tanto pueden pertenecer a la propia época romana o a la posterior con material reaprovechado. También los hay con materiales más pobres que más adelante señalaremos.

En general los puentes construidos en la época bajomedieval son más esbeltos que los romanos, donde la proporción entre el ancho de las pilas y la luz de los arcos está entre 1/8 y 1/18 y entre 1/15 y 1/30 para los medievales; sin embargo desde un punto de vista constructivo podemos afirmar que son menos perfectos (L. Fernández Troyano, 2005).

A fin de no incrementar innecesariamente las referencias a todos los puentes, mencionaremos solo algunos de ellos: los puentes de Talamanca, puente del Grajal y del Batán en Colmenar Viejo, de buenas bóvedas, puente viejo de Torrelodones (Galapagar) o los escasos restos del puente medieval de Zulema. La documentación histórica es inexistente para estas épocas pero en su establecimiento estarían interesados el poder público municipal y acaso Real, en algunos, y en otros la poderosísima Mesta.[8]

Desde la arqueología, filología e historia se ha abordado el estudio de los puentes en España (B. Pavón Maldonado)[9]. Este autor nos indica desde su profundo conocimiento y análisis riguroso de las obras referentes o agrupadas en torno al Agua, que hay una extraordinaria insistencia en atribuir casi todos los puentes a Roma. «(...) otro puente marcadamente atribuido a Roma es el de Talamanca (Madrid); tampoco se debería atribuir a los árabes, probándolo numerosas marcas de cantero, que sitúa la construcción entre los siglos XIII-XIV.

[8] Archivo Histórico Nacional, en adelante se citará AHN Madrid. Custodia el archivo de la antigua Mesta, la Asociación General de Ganaderos del Reino.

[9] Basilio Pavón Maldonado (1990), Tratado de arquitectura hispanomusulmana. I) Agua. Madrid, C.S.I.C.

Tiene cinco arcos, el último de la parte del pueblo rehecho hacia el siglos XVI-XVII. Las pilas enseñan tajamares en ángulo aguas arriba y aguas abajo, con los picos redondeados, y los arcos no llegan a alcanzar el desarrollo del medio punto, careciendo de mechinales. El paramento tiene sillares alargados muy planos y bien adheridos al núcleo hormigonado de fragua de canto de río; las dovelas son muy alargadas. Los tajamares adosan sin trabazón a las pilas. El puente es de lomo de asno con la cumbre sobre el arco número cinco, de mayor luz que los restantes».

El puente de Talamanca ha sido restaurado por la Comunidad de Madrid recientemente, con evidentes muestras de sillares romanos. El cauce del río está desplazado y hoy es un puente sobre un lecho seco. Talamanca fue un núcleo importante de la Marca Media madrileña durante los siglos IX-X. Es una buena hipótesis pensar que el puente formaba parte del camino militar que recorría el piedemonte de las sierras de Guadarrama y Gredos, comunicando la red de atalayas y fortalezas instaladas por los musulmanes.

Otros puentes en el mismo camino serían sincrónicos como el de Grajal sobre el río Manzanares, el de Alcanzorla sobre el río Guadarrama en Galapagar, el del Pasadero sobre el río Perales en Navalagamella, y el de San Juan sobre el Alberche en Pelayos de la Presa. Hubo, evidentemente, muchas remodelaciones medievales, una de 1091 por el Arzobispado de Toledo que tenía la jurisdicción de esas tierras y otra en el siglo XVI; después el puente de Talamanca cayó en desuso. Se ha restaurado en 1973 y en 2009 con sondeo arqueológico y estudio estratigráfico. La obra actual podemos considerarla acumulativa de elementos creados y añadidos en diferentes momentos históricos, desde el siglo IX al XVI, al menos, sobre una fundamentación probablemente romana.

Con materiales menos nobles –que son la mayoría de este grupo– se levantaron un importante número de puentes por su menor coste. Tanto en Hispania como posteriormente durante la dominación árabe y etapa cristiana, fueron construidos puentes con materiales pobres, muy rústicos, donde la sillería y el mampuesto fueron sustituidos por lajas de piedra local o pizarrosa, de diferente grosor pero más bien delgadas, para adaptarse con comodidad a la curvatura de los arcos. Las lajas hacían de dovelas radiales, distinguiéndose de las horizontales o jarjas de los riñones. Este tipo de construcción es muy inespecífica y tanto se pueden atribuir a la época romana como a recomposiciones medievales árabes o cristianas; aunque la calzada romana pasaba sobre ellos, no hay auténtica seguridad para atribuir los puentes rústicos de Cercedilla y Rascafría a la época romana.

Respecto al puente de Alcalá de Henares o Antiguo Puente de Zulema sobre el río Henares, cabe concluir de manera similar. Los restos de un puente muy antiguo son evidentes; los materiales que afloran en muchos puentes medievales corresponden en realidad a antiguos edificios romanos, bien como materiales empleados en las restauraciones, recomposiciones o reedificaciones medievales. En el puente de Alcalá de Henares, vemos en los fundamentos de las pilas levantadas en la época de Don Pedro Tenorio (1328-1399, Arzobispo de Toledo) grandes sillares romanos que con toda seguridad proceden de la cercana Complutum, pues la experiencia nos dice que siempre se utilizó material de spolia, siendo la mejor cantera una ruina romana.[10]

[10] Basilio Pavón Maldonado (1982), *Alcalá de Henares Medieval. Arte islámico y mudéjar*. Madrid-Alcalá de Henares.

El puente en su origen constaba de ocho arcos, a los que después se le añadieron dos más hasta conseguir los diez que tuvo; los dos últimos eran los más cercanos a la margen izquierda ya que el río fue modificando sus riberas. Posteriormente a lo largo del siglo XIX tuvo algunas reparaciones; según documentación del Archivo Municipal de Alcalá de Henares una de ellas en julio-agosto de 1828 porque en 1823 los zapadores del ejército habían destruido el octavo arco.

El puente es dudoso que pueda ser de origen romano aunque este error se ha transmitido abundantemente, también en relación con otros puentes españoles y no solo madrileños, como el excepcional puente de Cangas de Onís, en Asturias, de la época de Alfonso XI (1311-1350), o el puente Mocha en Valdemaqueda, y también el puente romano de La Puebla de Montalbán, Toledo. El investigador Pavón Maldonado encuentra marcas de cantería medievales que unido a la desigualdad de los arcos y su falta de armonía, hace difícil catalogarlo como romano.

En 1947 estalló el polvorín de la Cuesta de Zulema afectando al puente; se desechó la idea de repararlo y se optó por la construcción del nuevo Puente de Zulema, desplazado unos metros aguas arriba y utilizando parte de los materiales antiguos como en otras épocas. Solo quedaba un arco de piedra por donde se encauzaba el molino. Ante esta situación la Confederación Hidrográfica del Tajo, en 2008, ha mostrado interés en la rehabilitación de los restos del puente y la Comunidad de Madrid a través del Plan de Inversiones Prisma ha realizado la pasarela sobre el puente en 2011.

Basilio Pavón Maldonado (1984), *Guadalajara medieval. Arte y arqueología árabe y mudéjar*. Madrid.

La pasarela peatonal se ha construido con una estructura de hormigón premoldeado y madera escolada laminada, respetando el entorno natural e integrando los antiguos restos, tanto física como ópticamente. Los arcos, con doble viga, apoyan sobre los antiguos tajamares; la pasarela tiene 112 metros, de los cuales 96 metros corresponden a nueva construcción y 16 metros construidos sobre el antiguo arco.

El Renacimiento

La renovación estética moderna a la italiana, con base en el Quattrocento, se hace sentir en la Corona de Castilla fundamentalmente a partir de la tercera década del siglo, en la que se desechan los ornamentos y el decorativismo heredados del periodo gótico –del gótico renovado–, dando paso paulatinamente hacia la recuperación de lo antiguo, de un clasicismo de inspiración bien serliana o palladiana, que nos conduce a un neovitruvianismo desde la segunda mitad del siglo y hasta bien entrado el siglo XVII, ya fundiéndose con nuestro primer barroco exuberante.

Este primer siglo moderno de nuestra historia es también el momento en que paulatinamente la monarquía, especialmente, pero también otras instituciones comienzan a plantearse la «obra pública», concepto este que se desarrollará con el tiempo al amparo de las nuevas atribuciones del Estado y, en nuestro caso, de un estado muy centralizado también geográficamente.

La Capitalidad situada en Madrid por el rey Felipe II desde 1561, exige plantearse las relaciones con el territorio próximo y remoto de manera muy diferente a los siglos anteriores. La centralidad va tomando cuerpo y ello se advierte en el planteamiento y desarrollo de las obras públicas en general. Los accesos a un centro urbano en constante aumento demográfico se transforman y acomodan a un mayor tráfico mercantil y de personas; el Repertorio de Caminos de Juan de Villuga, 1546, así como el que se deriva del Repertorio de Caminos de 1576 de Alonso de Meneses mantienen, en lo sustancial, el trazado bajomedieval de las vías de comunicación en las que Madrid «fue una encrucijada de importantes caminos que cruzaban la península y que se dirigían hacia núcleos salientes de población como la ciudad de Toledo».[11]

Los cuatro puentes de los que tenemos constancia que se proyectaron en Madrid y territorio durante el siglo XVI, esto es, el Puente de Viveros sobre el río Jarama, en el camino real de Alcalá de Henares pero jurisdicción de Madrid, por el arquitecto toledano Alonso de Covarrubias que se desplazó desde la Ciudad Imperial; el Puente de Segovia, sobre el río Manzanares en suelo urbano y en el que interviene el arquitecto real Juan de Herrera (1574-1581) y otros, aunque carecemos de sus trazas; el llamado Puente Mocha sobre el río Cofio en Valdemaqueda, seguramente en relación con la red de caminos y cañadas de la Mesta[12]; y, finalmente, el Puente de Herrera sobre el río Guadarrama (Galapagar), realizado entre 1592-1606. Todos ellos tienen una tipología deudora de la clásica a base del arco de medio punto como elemento compositivo, y tajamares en ángulo, con resultados formales y estéticos muy diversos.[13]

---

[11] *Op. Cit.* N. 1

[12] AHN, Mesta; no hemos encontrado referencias sobre este puente en la documentación manejada.

[13] Luís Cervera Vera (1985), «Juan de Herrera diseña el puente sobre el río Guadarrama», *AIEM*, t. XXII. Madrid, p. 65-80.

El Puente Mocha con toda probabilidad y debido al carácter tan robusto y desigual que manifiesta su estructura, así como el acusado lomo de asno de su rasante, debe integrar una estructura bajomedieval anterior y recomponerse a lo largo de los siglos XVII y XVIII.

De haberse construido el puente proyectado por Alonso de Covarrubias en el sitio de Viveros –rehecho y crecido en el periodo bajomedieval– cuya traza manifiesta un gran puente de sillería bien escuadrada y regular, de catorce arcos todos de medio punto pero con diferentes luces, habría constituido el gran puente de Madrid del Renacimiento y, con seguridad, que habría eclipsado en forma e influencia al de Segovia en la Corte.

Los antiguos puentes romanos transmiten al siglo XVI varios elementos claves: arco de medio punto, una rosca en el dovelaje del arco, sillería muy cuidada, tajamares potentes o reforzados en ángulo y rasante horizontal, y estas son también las características que encontramos en los ejemplares madrileños interpretados con cierta libertad.

De «la puente Segoviana» que es el gran puente de la Villa del siglo XVI e icono para otras construcciones del siglo siguiente, se ha trazado una síntesis probable de su proceso constructivo dentro del estudio de la obra de Juan de Herrera, tratando de aunar las referencias documentales con la evidencia arquitectónica, faltando en todo este proceso las trazas que no se han conservado.[14]

---

[14] AA.VV. (1992), *Juan de Herrera, arquitecto real*. Catálogo de exposición. C.O.A.M. Comunidad de Madrid. Madrid, Lunwerg Editores; Pilar Corella Suárez, «Dibujos para el Puente de Segovia de los siglos XVII y XVIII», *AIEM*, t. XLIV. Madrid, 2004, p. 237-248.

El gran maestro de la catedral nueva de Salamanca Rodrigo Gil de Hontañón, una de nuestras «águilas» del Renacimiento al decir de Gómez Moreno, se ha puesto documentalmente en relación con las obras del Puente de Viveros entre

Fue un puente «exigido» por el Rey a la Villa para la comunicación y paso hacia la posesión de la Real Casa del Campo y, también, ofreció cómodo tránsito a la población de Madrid, aunque en ese sector apenas había poblamiento; los intercambios hacia Extremadura y el Reino de Portugal en esos momentos no justificaban tan magna obra, que pagaron la Villa de Madrid y el repartimiento en el que se incluyeron otras ciudades del Reino. No obstante, el puente va a concentrar el tráfico procedente León, Castilla, Toledo, Guadalajara y Andalucía.

La imagen del Puente de Segovia será modelo para posteriores intervenciones y experiencias constructivas en materia de puentes monumentales durante, al menos, gran parte del siglo XVII y también sobre el mismo río. Nos referimos al popular y desaparecido Puente de Toledo y precedente del actual, obra del arquitecto Pedro de Ribera, del siglo XVIII, durante el gobierno del marqués de Vadillo, corregidor de Madrid durante el reinado de Felipe V.

Fue el Maestro Mayor de la Villa y Obras Reales Juan Gómez de Mora a quien se debe la primera forma monumental del puente, en 1629, que no se debió ejecutar pero del que conservamos las trazas. Más adelante, en 1682, el maestro José del Olmo y José de Arroyo y Teodoro Ardemans, en

1543-46 y otros de Madrid; sobre estos aspectos J.M. Cruz Valdovinos, «Rodrigo Gil y las obras de agua del Concejo Madrileño (1543-1574)», en *Cinco siglos de arte en Madrid*, III Jornadas de Arte del Instituto Diego Velázquez, C.S.I.C. Madrid, 1991, p. 49-60. Es muy probable que el maestro Gil se desplazase a Madrid incluso con la compañía de algunos canteros de su círculo de trabajo; sobre estos aspectos, Mª José Redondo Cantera, «Los arquitectos y canteros del entorno de Rodrigo Gil de Hontañón en Castilla y León: la herencia paterna», en *Actas del Congreso El Arte de la Cantería*. Centro de Estudios Montañeses. Santander, 2003, 76 p.

1684, aparecerán en relación con el proceso constructivo del puente durante la época de Carlos II.[15]

Antes de la construcción del Puente de Segovia existía una estructura bajomedieval, de piedra y ladrillo, muy recompuesta, en penoso estado de conservación como bien nos muestra la vista de Anton van Wyngaerde, dispuesto algo más hacia el norte que el del siglo XVI.

La iniciación de lo que posteriormente se conocerá como la Real Casa del Campo durante el reinado de Carlos I, y su ampliación y formalización concretas en la época de su hijo Felipe II, así como el establecimiento de la Corte en Madrid, mejorar el acceso al Real Alcázar, el aumento del tráfico mercantil y de personas hacia la Meseta Norte, en especial las ciudades de Valladolid y Segovia, y más adelante la construcción del Monasterio de San Lorenzo El Real de El Escorial, además de otros aspectos de interés general y de recreo, justificaron ampliamente la decisión de su construcción por parte de la Villa a partir de 1577, aunque hay referencias documentales anteriores.

La utilización económica de la vega del río y su entorno, así como la incipiente configuración de un eje viario dirección oeste-este hacia Alcalá de Henares, son consideraciones de peso para su construcción. Existe documentación sobre «la puente segoviana» desde 1545; a partir de esas fechas las referencias son más o menos continuas hasta la mitad del siglo XIX.

El documento que indirectamente cita al puente y se considera la mención más antigua data de 1345; se trata de la donación de Dª Mencía Fernández hecha a favor de Ma-

[15] Pilar Corella Suárez (2010), «El Puente de Toledo (siglo XVIII) y sus predecesores (desde s. XV)», *Ilustración de Madrid*, núm. 16. Madrid, p. 25-28.

drid para el arreglo del Puente de Segovia, algo parecido a dejar hoy en un testamento dinero o bienes para arreglar la M-40 o cualquier otra obra pública municipal[16]. Lo normal en la vida bajomedieval era dejar bienes y donativos para fines religiosos ofrecidos a iglesias y monasterios, pero es muy poco frecuente que se haga donación de bienes para obras de carácter puramente civil, aunque importantes social y económicamente para la Villa, porque por el puente entraba todo el tráfico de Extremadura y Reino de Portugal, amén del de otros pueblos del extremo occidental del territorio que hoy constituye nuestra Comunidad.

El Puente de Segovia no se cita en el fuero de Madrid de 1202 lo que nos indica, en cierto sentido, que las relaciones de la pequeña villa con el exterior eran mínimas, utilizándose seguramente pasarelas de madera y barcas, esto es, puentes de barcas. Porque para ir a Toledo hay que atravesar el río Manzanares, y Madrid desde siempre ha mantenido con ella fluidos intercambios.[17]

Las referencias documentales de 1549 y 1569 evidencian que hay obras y reparos en los cinco puentes del río, de los cuales solo serían de piedra el viejo de Segovia –el representado por Wyngaerde– y el de Toledo, y el resto, pontones de madera que ni se identifican por sus nombres. Los maestros constructores que se ponen en relación con la obra del puente antes de Juan de Herrera serían el maestro Gaspar de Vega, que en 1569 da trazas y condiciones para una reparación. La Villa solicita en 1588 el derribo del

---

16 Archivo de Villa de Madrid, en adelante citado AVM; AVM, Secretaría, 1-133-41. El documento original es una Provisión del rey Alfonso XI, de 1 de diciembre de 1345.

17 *Fuero de Madrid* (1932). Madrid, transcripción de Agustín Millares Carlo. Edición facsimilar. Madrid, 1994, Archivo de Villa.

puente, pero aún sabemos que en 1589 el rey lo utiliza para uso particular.

Otro de los arquitectos en relación con el puente es el Maestro Rodrigo Gil de Hontañón dando también trazas para la nueva obra de 1572, y estimando su coste en 30.000 ducados; más adelante, en 1574, se pagará a Gaspar de Vega por hacer planta, traza, montea y condiciones para la Nueva Puente Segoviana. Se prepara la obra realizando las cepas y cuando estas están hechas aparece en la documentación Juan de Herrera, pagándosele las trazas que no se conservan el 31 de agosto de 1577, siendo el suyo el tercer proyecto o reforma de la obra del puente. En abril de 1588 se contrata el empedrado de la calzada; nombres como Juan de Ribero Rada, Pedro de Nates, Juan de Valencia, los hermanos Sillero, son nombres de alarifes y maestros que aparecen en una documentación fragmentaria y en mal estado de conservación. Entre todo ello quiero destacar que del puente más antiguo e importante de la Villa no tenemos ningún dibujo sobre su primitiva idea o forma.

Aparece en este puente desde los primeros momentos de su historia constructiva la misma problemática generaliza de todas las obras públicas de la edad moderna y, aún, actuales: su financiación y seguimiento del gasto, siempre excesivo, que paga el pueblo con sus impuestos. Los pueblos cercanos a la Villa, incluso antes del establecimiento de la Corte en ella, quedaron siempre incluidos en los repartimientos de las obras públicas madrileñas, y no solo del entorno próximo sino también poblaciones más alejadas.

Toda esta situación creó constantemente quejas ante la Sala de Alcaldes de Casa y Corte del Consejo de Castilla. Hasta las ciudades de Badajoz, Sevilla, Cádiz, Huete –entre otras muchas– contribuyeron a la construcción de este puente, según documentación de 1574 (AVM), probando que era una obra en un eje fundamental para las comunicaciones con la Villa, afectando evidentemente a su progreso y desarrollo. Se llegaron a realizar hasta cuatro repartimientos por un valor de 109.050 ducados, valor altísimo, aunque el Rey no reparó en gastos mientras pagara la Villa y esta contenta con servir a S.M.

De la falta absoluta de proyectos, trazas, monteas durante el siglo XVI, pasamos a valorar cuatro dibujos que se conservan relativos a los obras de los siglos XVII y XVIII, pues el puente fue un monumento constantemente atendido por los poderes públicos a través del Maestro Mayor de la Villa, y por sus Ayudas y Alarifes de Villa, que eran los profesionales que vigilaban la construcción pública en el Madrid del Siglo de Oro y la Ilustración.

Del siglo XVII se conservan dos dibujos que son los más antiguos relacionados con las obras del puente, de 1648 y 1659, respectivamente, firmados por el Maestro de la Villa José de Villarreal y son, precisamente, dibujos para una reparación, lo que es muy significativo sobre el estado de conservación del puente. En la importante *Topografía de la Villa* del portugués Pedro de Texeira, de 1656, se puede apreciar claramente «la puente Segoviana» precedida por la «Puerta del Puente», elemento arquitectónico de cerramiento sencillo y con dos vanos, a continuación una larga calzada de ingreso y, seguidamente, el propio puente, con nueve arcos semicirculares de medio punto desiguales, fruto de sus historia anterior. Y, finalmente, la salida hacia los lavaderos del Manzanares, los de la Vega, hacia la derecha e izquierda.

Los dibujos corresponden uno a la reparación del suelo del puente para consolidar el empedrado, y para encauzar la entrada y salida del puente y Camino de la Huerta de

Aluche. Realizada a petición de los sexmeros de Madrid que contribuyeron a pagarla, el Ayuntamiento aprobó la obra que se ejecutó al modo de la del Puente de Viveros, el otro gran puente en la jurisdicción de Madrid, es decir, con mucha vigilancia, poniendo un sobrestante y pagando cada sábado a los peones.

El segundo de los dibujos es la representación del Puente de Segovia con el nuevo canal de 1659. Otros reparos continuaron durante todo el siglo XVII y parte del siguiente, pero no aparecen más dibujos hasta el momento en que el arquitecto real don Ventura Rodríguez ocupa la Maestría Mayor de la Villa, interviniendo en el puente en 1775, intervención de la que nos constan dos dibujos también referentes a una reparación de su empedrado y enlosado. Los dibujos proceden del expediente iniciado ante el Consejo de Castilla; el arquitecto redactó las «Prevenciones de lo que es necesario practicar para proceder a la ejecución del empedrado del Puente de Segovia y su calzada, 1775». El coste de la obra fue tasada en 465.563 reales de vellón.

La obra del Puente de Segovia llegó al siglo XIX muy recompuesta, con nueve bóvedas de medio cañón de diferentes luces entre los tajamares –solo las tres centrales tienen 18 metros– mientras que el resto eran variables, según datos publicados. El tablero quedó definitivamente con un ancho que pasó de 8,65 metros a 30 metros, en la remodelación realizada por el ingeniero Vicente del Olmo entre 1934-1943, en el contexto de las obras de canalización del río Manzanares. Creemos que es de una extraordinaria importancia la conservación de estos cuatro dibujos antiguos referidos a un puente que va unido a la esencia cortesana de la Villa, a su imagen más paradigmática, y del que no conservamos otra iconografía.[18]

De las cuatro obras o proyectos del siglo XVI que citábamos anteriormente, es sin duda el Puente de Herrera sobre el Guadarrama (Galapagar) el más perfecto de todos ellos y, por lo demás, también el más clásico. Del riguroso estudio practicado por el arquitecto Luís Cervera Vera se deriva el conocimiento sobre el proceso constructivo del puente, puesto en relación con el itinerario real de Madrid al Monasterio de San Lorenzo El Real de El Escorial, que desde Madrid seguía por Aravaca y Torrelodones atravesando el río Guadarrama hacia Galapagar y la Villa de El Escorial, y de allí al Monasterio.

El rey Felipe II altamente interesado en esta obra firmó la Real Cédula disponiendo que se «...construyera un puente de piedra para pasar el río Guadarrama, entre el lugar de Torre de Lodones y Galapagar (...) conforme a la traza que para ello dará Joan de Herrera, su arquitecto y aposentador de palacio...», en Lisboa, a 20 de enero de 1583. El proyecto no se concretó hasta 1588 año en que se remató la obra con Pedro de Nates, maestro de cantería; los avatares del destino hicieron que la obra pasara a otros maestros como Juan de Nates, Bartolomé Elorriaga y Bartolomé de Barriga; en 1606 Francisco de Praves –todos maestros del círculo vallisoletano– en nombre de Juan de Nates liquida algunas cantidades adeudadas por sus trabajos, lo que no quiere

[18] Carlos Fernández-Casado (1974), «Madrid y el Manzanares: el río, la ciudad y sus puentes», *Revista de Obras Públicas*. Carlos Fernández-Casado (1954), «Historia documentada de los puentes de Madrid», *Rev. Archivos, Bibliotecas y Museos*. Madrid, Ayuntamiento de Madrid. José María Sanz García (1990), *El Manzanares, río de Madrid*. Madrid, Ediciones La Librería. José María Sanz García (1993), «Vía crucis del Manzanares Isabelino». Madrid, conferencia núm.13 del ciclo *El Madrid de Isabel II*. Madrid, IEM. Corella, *op. Cit.*, nota 14.

decir que el puente no se hubiera terminado antes de esa fecha. Juan de Herrera proyectó una calzada más larga de lo usual en relación con la luz del único arco de medio punto, con semicircunferencia completa, y doble rosca. De la relación de ambos elementos –calzada y arco– resulta una obra proporcionada, matemática, de gran simplicidad, pureza y hermosura, elementos tan característicos de la obra herreriana.[19]

Los siglos XVII, XVIII y primeras décadas del siglo XIX hasta la generalización del hierro

La ingeniería, en general, progresó a lo largo del siglo XVII, más en Francia, ya que en España siempre tardaban en llegar los aires innovadores; ello se produce después de la firma del Tratado de Utrecht en 1713 y de la pacificación del territorio.

En España no aparece una institución especializada para la formación de profesionales en ingeniería civil como la francesa denominada *Corps des Ponts et Chaussées* en 1716, refundada en escuela en 1747 bajo la dirección del ingeniero Jean- Rodolphe Perronet (1708-1794), hasta principios del siglo XIX con el ingeniero Agustín de Bethancourt. Nos referimos a la fundación de la Escuela del Retiro, futura Escuela de Caminos, que empieza sus clases en 1802. Agustín de Bethancourt era desde 1801 Inspector General de Caminos y Canales durante el reinado de Carlos IV.[20]

---

19 *Op. Cit.* nota 13.

20 Fernando Sáenz Ridruejo (1996), «Agustín de Bethancourt, inspector general de Caminos y Canales». Catálogo *Agustín de Bethancourt. Los inicios de la Ingeniería Moderna en Europa*. Madrid, p. 99-109.

A lo largo de la edad moderna y en el extenso tiempo que media hasta los grandes cambios que introdujo el hierro –más de doscientos años– se impuso como elemento estilístico definitorio la bóveda de cañón, en ocasiones con factura de perfecta sillería o mampostería pizarrosa, cimentada sobre roca –Puente de Lozoya– o sobre el lecho. La travesía del cauce se realizaba perpendicular al mismo, si bien en los ríos que corresponden a las zonas más montañosas de la región, en su curso alto, con pendiente, que dan lugar a ríos encajonados sobre cauce estrecho se utilizaron una, dos o tres bóvedas. Sobre cauces anchos y en especial en las zonas de vegas hubo de construirse una sucesión de bóvedas de cañón, no siempre de dimensiones homogéneas. Ello facilitaba una rasante horizontal y ligeras pendientes en los estribos, tal y como podemos ver en el largo Puente de Retamar sobre el río Guadarrama, término de Las Rozas, también en el Puente Largo de Aranjuez, en el Puente de Viveros, Puente de Torote y otros.

En la segunda mitad del siglo XVIII las bóvedas de medio cañón conviven con las rebajadas, y el arco carpanel con el medio punto, como en el Puente de la Reina de Aranjuez y en el Puente de Ambite.

El siglo XVIII borbónico concentró la mayor parte de los esfuerzos inversores y constructivos en relación con el llamado sueño ilustrado, en el que las obras públicas constituyeron el medio más importante para alcanzar el progreso de los pueblos. Las comunicaciones se convirtieron en una necesidad imperiosa y su desarrollo alcanzaba tanto al progreso material y económico, como al cultural y al prestigio estatal. Sin embargo, creemos que aunque los logros fueron importantes y significativos en la historia de la construcción de puentes –y como testigos ahí están el Puente de Toledo, el Puente de El Pardo, el Puente del Perdón en Buitrago, y el del Herreño– no toda esta política de inversión pública es nueva ni llega con los Borbones, sino que echa sus raíces con anterioridad.

En efecto, a lo largo de los siglos XVI y XVII se constata un creciente interés estatal y municipal (este ha existido siempre) por el desarrollo de las infraestructuras y obras públicas madrileñas –primer proyecto de piedra para el Puente de Viveros, 1543, por el arquitecto toledano Alonso de Covarrubias–; en algunos momentos la iniciativa municipal va a ser importantísima, como en los puentes de Segovia y Toledo de Madrid.

El Estado-Monarquía no financiaba per se obras, el coste recaía en los propios municipios y en los más cercanos, pues se beneficiaban también de ellas. Sin embargo se advierte a lo largo del siglo XVII que a través del Consejo de Castilla, el Estado tratará de crear una política urbanística no muy planificada, pero que a la larga mantiene una apreciable homogeneidad, preparando así el terreno para las grandes obras durante el reinado de Carlos III (1759-1788). El resultado de todo ello fue el desarrollo de seis grandes caminos reales que –por diferentes motivos– quedarán fuertemente definidos en una configuración radial por el regalismo del siglo XVIII. Esta etapa tiene, además, el mérito de invertir la tendencia, esto es, se planificarán y controlarán las obras públicas, principalmente a través del Consejo de Castilla y de un grupo de ingenieros hidráulicos muy acreditados, que no militares, trabajando para la institución, precursores de los ingenieros civiles que desde 1802 se formarán en la escuela fundada por Agustín de Bethancourt, ya citada.

Otra de las instituciones implicadas en la configuración de las obras públicas en España fue la Real Academia de

Bellas Artes de San Fernando, con sede en Madrid. Durante el siglo XVIII y parte del siguiente estas dos instituciones se encargaron de custodiar el estado del patrimonio cultural, a pesar de ser este un concepto inexistente en el antiguo régimen. De una parte la Academia velaba por la belleza, el ornato y el buen gusto de las obras que se emprendían, reedificaban o restauraban y, de otra, nos encontramos con el Consejo de Castilla de donde procedía el origen de toda autorización, tanto para construir como para financiar obras, formar repartimientos y otorgar contratos. Todo ello justifica que en sus archivos se encuentre documentación relativa a esta actividad en España.[21]

Desde 1761 con Carlos III se consolida la disposición radial de los grandes caminos que parten de la Corte, según el Proyecto Económico de Don Bernardo Ward. En 1762 se publicará la Reglamentación General para el uso y conservación de caminos y puentes, que recaían sobre los pueblos del término correspondiente y, si fuesen gravosos, se autorizaba un pontazgo u otros arbitrios específicos. La promulgación de los reales decretos de 1764 y 1787 prohibía que su construcción recayera en operarios y directores no profesionales ni experimentados, y era obligada la consulta a la Real Academia, como ya hemos apuntado anteriormente[22]. Por todo ello constituyó una novedad que trabajasen para el Consejo de Castilla con toda confianza, acreditación y profesionalidad, aunque de forma externa sin ser funcionarios,

---

21 Pilar Corella Suárez (2000), «La restauración de los puentes romanos de Mérida y Alcántara durante los siglos XVIII y XIX», *Goya*, núm. 277-278. Madrid, p. 267-274; Archivo de la Real Academia de Bellas Artes de San Fernando, Comisión de Arquitectura; AHN, Consejo de Castilla, Sala de Gobierno, Estado.

22 Disposiciones de 23 de noviembre de 1777; de 8 de marzo de 1786; de 30 de agosto de 1789, en Santos Madrazo (1984), *El sistema de transportes en España, 1750-1850*. Madrid, Turner.

los llamados «ingenieros hidráulicos». Uno de estos profesionales que trabajó numerosas veces para el Consejo, tanto en obras nuevas muy importantes como en elaboración de informes, pareceres y restauraciones fue Juan Eusebio de la Viesca, montañés, profesor de arquitectura, que proyectó el puente sobre el arroyo de Torote en Alcalá de Henares y el de Cabezón, en la provincia de Valladolid.[23]

El arquitecto e ingeniero fue también un teórico; se conservan referencias documentales a un texto referente a los fundamentos de la arquitectura civil e hidráulica en el Archivo Histórico Nacional. Sus grandes opositores eran los académicos de Bellas Artes y su texto nunca se autorizó ni publicó.

La centralización de las comunicaciones tuvo un evidente interés en relación con el abastecimiento de la Villa y Corte, cuyo poblamiento fue aumentando a lo largo del siglo XVIII, y produjo esa disposición radial heredada, todavía en gran medida perceptible en nuestra red viaria. Dentro de nuestra región para la comunicación con la zona vasca y cántabra se establecieron los «pasos históricos» por Buitrago y Santa María del Paular –Lozoya, apareciendo varios puentes de origen medieval y moderno, Puente del Congosto, del Perdón, puentes de Lozoyuela y Rascafría. Por el este el Camino Real de Alcalá de Henares– Zaragoza, importantísimo, de gran tráfico de personas y mercancías puesto que también era el camino de Cataluña y Francia (hoy calle de

[23] Pilar Corella Suárez (1994), «Teoría y práctica de la arquitectura en Juan Eusebio de la Viesca: el proyecto para el puente sobre el arroyo de Torote», *Actas del IV Encuentros del Valle del Henares*. Alcalá de Henares, p. 477-488.
Pilar Corella Suárez (1997), «La restauración del puente de la villa de Cabezón sobre el río Pisuerga (Valladolid) durante el siglo XVIII», *Academia*, núm. 85. Madrid.

Alcalá –Avenida de Aragón–). Aquí aparece el histórico y muy documentado Puente de Viveros, citado desde la baja Edad Media y, sobre todo, desde el siglo XVI. Transversalmente estas dos arterias quedaban unidas por un camino que pasaba por Talamanca y que, posteriormente, va a perder importancia aunque nunca dejaría de utilizarse.

El levante mediterráneo enlazaba con Madrid a través de Arganda y Fuentidueña, de ahí la importancia de sus puentes y barcas para atravesar los ríos Tajo y Jarama. Por el sur, el Camino Real de Toledo atravesado por arroyos –como los de Getafe y Overa– discurre por Getafe e Illescas. En el siglo XVIII ocupando el espacio histórico romano y medieval de la antigua cañada aparecerá el Camino Real a Andalucía, incorporando Aranjuez y Ocaña.[24]

Por el oeste, la comunicación con Extremadura y Portugal viene a ser determinante desde la herencia portuguesa de Felipe II, languideciendo de atenciones interesantes hasta el último tercio del siglo XVIII. Es en ese momento cuando es muy necesario un puente sólido de piedra para atravesar el río Guadarrama, entre Móstoles y Navalcarnero, como efectivamente se realizó entre 1797-1805.[25]

Existía una comunicación transversal, más incómoda y lenta, que desde la zona salmantina descendía hacia el sur, se dirigía hacia Robledo de Chavela, Brunete, Móstoles, Valdemoro, Ciempozuelos y Fuentidueña, enlazando con el Camino Real a Toledo y también hacia levante. La comunicación transversal entre la zona norte y oeste de la región

---

[24] AA.VV. (1993), *El Camino de Andalucía. Itinerarios históricos entre la Meseta y el Valle del Guadalquivir.* Madrid, MOPT y Medio Ambiente.

[25] Pilar Corella Suárez (2005), *Navalcarnero. Puente sobre el río Guadarrama. Dibujos y trazas de los siglos XVII, XVIII y XIX*. Estudio, edición y texto a cargo de Pilar Corella Suárez. Madrid.

no llegó a ser fluida nunca debido, fundamentalmente, a las dificultades orográficas aunque sí existían tramos de cañadas de cierta importancia y el imponente Puente Mocha de Valdemaqueda sobre el río Cofio, muy rehecho durante los siglos XVI y XVII, es un buen ejemplo que hay que poner en relación con los intereses ganaderos de la Mesta.

La comunicación con la Meseta Norte fue de enormes dificultades durante la alta edad moderna, debido a la conjunción de la orografía-climatología, hasta que a mediados del siglo XVIII se corona el paso por el «Alto del León» y el Puerto de Navacerrada, dejando así la capital de estar aislada durante varios meses en invierno. Solo el tráfico real y cortesano desde la Villa y Corte hacia el Monasterio de San Lorenzo El Real de El Escorial y su entorno, promoverá la construcción de tres puentes: el de Herrera, el del Herreño y el de Retamar sobre el río Guadarrama, este último proyectado y comenzado a fines del siglo anterior durante el reinado de Carlos II y llamado en la documentación histórica Puente del Rey. De la misma manera para mejorar los accesos al Monte de El Pardo, en la mitad del siglo XVIII, se construirá el Puente de la Marmota –hoy dentro del Parque Regional de la Cuenca Alta del Manzanares– que sobre un desfiladero natural surge apoyado en la roca viva y hace de límite entre los términos de Colmenar Viejo y El Pardo. Sus 12 metros de luz y 11,5 metros de altura hace las delicias de senderistas y ciclistas. Conservamos un dibujo de mediados del siglo XVIII que, hipotéticamente, podría corresponder a su proyecto.[26]

---

[26] AVM, Secretaría, 1-130-2, año 1691; Archivo de Palacio (en adelante AP), Plano número 650.

En general y visto en perspectiva el siglo XVIII construyó y restauró un gran número de puentes en nuestra región –y la industrialización posterior destruyó un buen número de ellos–; además hubo un cierto avance en la técnica de cimentación (invención de máquinas para hincar estacas) con pilotajes y cepas (encepados) de madera. A veces se construyó un enrejado o solera entre bóvedas que actuaba como arriostramiento.

La tradición consolidó el mantenimiento de la bóveda de cañón pero apareciendo al mismo tiempo las escarzanas y carpaneles, mientras que en zonas rurales o de montaña se siguió con fábricas más modestas, de mampostería tosca, siguiendo la cultura local y la tradición.

En Europa, durante la segunda mitad del siglo XVIII, se están viendo ya los primeros cambios de un nuevo proceso en el sistema de producción fabril, fenómeno histórico que conocemos como industrialización, que dará paso y respuesta a las necesidades contemporáneas de una mayor producción y a la gran movilidad de personas y mercancías. El hierro es el nuevo material que materializa esas necesidades. Se considera que el primer puente fabricado con piezas de hierro colado de la historia es el iniciado en 1777 e inaugurado en 1781, sobre el río Severn en Ironbridge (Condado de Shropshire, Inglaterra), el de Coalbrookdale, proyectado por Thomas Farnolls Pritchard y construido por Abbraham Darby III (1750-1789), nieto del fundador de la Compañía Coalbrookdale. Con un solo arco de 30 metros de luz acabó siendo el icono más conocido de la Revolución Industrial, reproducido en innumerables obras de pinturas, dibujos y aguafuertes. Hoy constituye uno de los sitios más afamados del Patrimonio Mundial de la Unesco.

No obstante esta importante innovación en los materiales, la piedra seguirá empleándose como material constructivo para puentes, especialmente en las carreteras y también en ferrocarriles, como los construidos a lo largo de la línea Madrid-Aranjuez que fue inaugurada el 9 de febrero de 1851, constituyendo la obra pública no estatal más ambiciosa y progresista del reinado de Isabel II, con la que España pretendía alcanzar a las potencias europeas.

El ingeniero director de las obras fue don Pedro Miranda, publicándose poco después una deliciosa guía o manual de viaje titulada «Panorama del ferro-carril de Madrid a Aranjuez», obra del naturalista y profesor de dibujo Juan Mieg, junto con el litógrafo M. Pic de Leopol. Entre las 36 litografías que incorpora, coloreadas, pues no hay texto escrito, 9 se dedican a puentes y viaductos. Un ejemplar de la edición de esta obra se conserva en la Biblioteca del Palacio Real de Madrid, existiendo edición facsímil de 1984.

Después de la piedra y el ladrillo, el hierro. ¿Qué nos deparará el futuro? Acaso materiales plásticos reciclados para la construcción de puentes como en la reciente experiencia del puente sobre el río Twed en Pleebleshire, Escocia, que sustituyó a una pasarela realizada en 1880 y alcanzando una longitud de 30 metros.[27]

[27] En 2012 fue inaugurado el primer puente construido totalmente con plásticos reciclados. Se trata del puente Easter Dawyck sobre el río Tweed, en Pleeblesshire (Escocia). Es una plataforma de 30 metros que sustituye a la pasarela de 1880 que puede soportar pesos de hasta 44 toneladas; fue ensamblada en solo cuatro días y su mantenimiento es prácticamente nulo.

Capítulo III
La construcción de un puente de cantería durante la Edad Moderna

La construcción de un puente de cantería implica una serie de decisiones importantes a tener en cuenta a la hora de su conocimiento y puesta en valor, por parte de las instituciones que la llevan a cabo. Una vez constatada la necesidad de la obra y elegido el lugar de ubicación más adecuado, se buscará a un profesional preferentemente experimentado o muy práctico en obras de esta naturaleza, un maestro de obras o alarife, maestro mayor de Villa, Maestro de Obras Reales, arquitectos, ingenieros, aunque las vías de estas búsquedas las desconocemos.

Se citan en la documentación histórica numerosos maestros, muchos desconocidos, otros no tanto; Juan Molinero, alarife y maestro de obras de la Villa, en 1663, para el puente en el arroyo de Overa; Teodoro Ardemans, maestro de obras de la Villa y maestro de Obras Reales en 1699, para el puente sobre el arroyo de Butarque, Camino Real a Toledo; Juan de Setién Guemes, montañés, en relación con las obras del Puente de Toledo y del Puente del Rey en Las Rozas, a finales del siglo XVII; Francisco y Lucas Sánchez, maestros de la Villa, hermanos, citados en relación con el mismo puente; los hermanos Manuel y José del Olmo, Juan de Corpa, maestros y alarifes, a fines del siglo XVII en el Puente de Viveros; Melchor de Bueras, maestro de la Villa a fines del siglo XVII; el padre Pontones, arquitecto y fraile jerónimo, para el Puente de Villa del Prado sobre el río Alberche, Ventura Rodríguez, maestro de obras Reales y de Villa, Marcos de Vierna, ingeniero militar y del Consejo de Castilla, Juan Eusebio de la Viesca, profesor de arquitectura y arquitecto hidráulico, Manuel Serrano arquitecto de obras reales en Aranjuez y Académico de Bellas Artes, para puentes del siglo XVIII, siendo la relación muy amplia.

El maestro elegido se encargará de elaborar el proyecto, los diseños –las trazas– que alcanzan al plano, alzados, planchas, modelos, asimismo redacta las condiciones técnicas (materiales a utilizar, procedimientos, recomendaciones a los constructores) y las económicas, especialmente para que queden muy claras, por ello la obra sale a pública subasta.

A lo largo del siglo XVIII todo este proceso estará vigilado tanto por el Consejo de Castilla que autorizará la obra por Real Provisión, examinando con detenimiento los expedientes que les proponen las ciudades, incorporando sugerencias o desestimando su construcción en algunos casos, como por la Real Academia de Bellas Artes de San Fernando que analizará las propuestas del Consejo en su Comisión de Arquitectura, emitiendo un informe. En otras ocasiones las ciudades importantes –la Villa de Madrid y otras– constituyen Juntas Municipales específicas para el seguimiento de la obras. En relación con todos estos procesos conservamos una abundante documentación de excepcional importancia en los archivos de Madrid, y a los que de una u otra manera ya me he referido en páginas precedentes.[28]

---

[28] Los archivos madrileños que conservan documentación histórica relativa a los procesos constructivos de puentes, bien reparaciones, reedificaciones, obra nueva, consultas, informes, son: el Archivo de Villa, el Archivo General de Palacio, el Archivo Histórico de Protocolos de Madrid, el Archivo Histórico

La constitución geológica de los terrenos donde se van a fundamentar los puentes de nuestra región (zonas montañosas por una parte y terrenos poco consistentes), obligará a enfocar las cimentaciones con diferentes sistemas constructivos. Los materiales se extraen de las canteras locales o, usualmente, de las más cercanas, así el transporte no encarece la obra. No es frecuente en la documentación que se indiquen los lugares geográficos o ubicación de las canteras pero en algunos casos se hace por deseo expreso del maestro que proyecta el puente; por ejemplo, se utiliza piedra de Almodóvar para algunos puentes desaparecidos sobre el arroyo Abroñigal, siglos XVII y XVIII; la más generalizada piedra berroqueña se obtenía de diferentes localidades de la Sierra Madrileña (Cerceda, Zarzalejo), la piedra caliza de Colmenar de Oreja se cita para el Puente de Santa Catalina, Villaverde, en el siglo XVIII, desparecido, y para la construcción del Puente Largo sobre el Jarama, en Aranjuez, concretamente las canteras de Peñarrubias y Navarredonda; las canteras de La Marañosa, término de Getafe, para el Puente de Bayona proyectado por el arquitecto de Carlos III Manuel Serrano, en 1775; o para el Puente de Viveros y su presa la piedra de pedernal de Vicálvaro y Vallecas, y la blanca de la Cuesta de Zulema, Alcalá de Henares, para sus antepechos.[29]

La madera para realizar las cimbras se obtenía también de las inmediaciones; es muy apreciado el pino de Cuenca y el álamo negro y blanco de Toledo. Las herramientas tam-

---

Nacional, el Archivo de la Real Academia de Bellas Artes de San Fernando y el Archivo Regional de Madrid, entre otros. La documentación se extiende, además, a puentes de madera o pontones y barcas de madera.

[29] AVM, Secretaría, 1-134-10, c. 1730; AVM, Secretaría, 1-189-8, Gaspar Ordóñez, c. 1618.

bién eran de elaboración local. A continuación se replantea la obra con las trazas y se reconocen los lugares donde se ubicarán las pilas y los estribos. Para el Puente de Bayona (hoy Titulcia) expresa el arquitecto Manuel Serrano: «(…) los asentistas pondrían de su cuenta todos los instrumentos para la saca, porte, labra y asiento de la piedra, así como las cimbras, andamios, maderos de ellas, máquinas, cáñamo, clavos, esparto y hierro. Toda la piedra del puente deberá estar labrada a picón menudo, con sus tiradas de un dedo de ancho, bien hechos los lechos y sobrelechos, de forma que quede todo con la mayor seguridad y hermosura que permite el arte; bien entendido que la piedra ha de ser de la mejor que den las canteras de La Marañosa, sin pelos, blandones y malas betas, ni agujeros, ya que de lo contrario se les desechará (…). El día señalado para el remate se mostrará el plan de dicho puente y se realizarán aclaraciones…».[30]

Aunque expresamente la documentación no lo revela es posible que para algunas cimentaciones se utilizasen ataguías, también denominadas catarata o bastardel. Los tratados donde se describían estos trabajos no eran desconocidos en nuestro país, aunque es muy difícil establecer su difusión y conocimiento por parte de los maestros locales. Leonardo da Vinci ya se ocupó de dibujarlas en alguno de sus manuscritos (Mss. B del Institut de France de París).

Una de las obras más conocidas en España que difundió la construcción y procedimientos de las ataguías para puentes fue el tratado *Los Veintiún Libros de los Ingenios y Máquinas*, que incorpora varios dibujos sobre ellas denominados «recinto de tablestacas para cimentar una pila» y «recinto

---

[30] Archivo Histórico de Protocolos, Pº Nº 29.410, fol. 451-453; Pilar Corella Suárez (1990), «La construcción del puente de Bayona (Titulcia) sobre el río Tajuña durante el reinado de Carlos III», *AIEM*, t. XXIX, p. 49-73.

de pilotes para cimentar una pila». Este y otros tratados de la segunda mitad del siglo XVI y del siglo XVII estaban presentes en las bibliotecas de artistas importantes y podemos suponer que su conocimiento general y práctico fue amplio hasta el siglo XVIII.[31]

Las ataguías posibilitaban la construcción en un terreno lo suficientemente consistente como para fundamentar las pilas, que incluyen la cepa artificial, pilar del puente, tajamar y espolón. La cepa se formaba con un emparrillado, enrejado o zampeado de maderos longitudinales (carreras) y de otros transversales (riostras), rellenándose todo con hormigones. El planteamiento de los zampeados puede muy bien apreciarse gráficamente en los dibujos que conservamos de Manuel del Olmo para una de las reparaciones del Puente de Viveros de 1686, así como casi un siglo después en los de Juan Bautista Sacchetti de 1755 y Marcos de Vierna de 1769, también para la reparación del mismo puente.[32]

Seguidamente comienza la construcción de las pilas y a la altura de los arranques de los arcos se dejan unas ménsulas, canes o huecos llamados mechinales, para apoyar en ellos los maderos de la cimbra. De forma paralela a estos trabajos los carpinteros construyen las cimbras para la realización de las bóvedas que, a lo largo de estos siglos, se hace al modo

---

[31] El manuscrito *Los Veintiún Libros de los Ingenios y Máquinas*, de Pedro Juan de Lastanosa (llamado el Pseudo-Juanelo Turrriano) en la Biblioteca Nacional de España; Nicolás García Tapia (1990), p.74-100. Una buena descripción gráfica de cómo proceder con las ataguías en el catálogo de la exposición *Felipe II. Los ingenios y las máquinas*. Ingeniería y Obras Públicas en la época de Felipe II. Madrid, 1998.

[32] AVM, Secretaría, 1-191-15; Pilar Corella Suárez (1992), «Puente de Viveros: formas, economía y sociedad entre los siglos XIV a XVII», *AIEM*, t. XXXI, p. 153-183; Corella (1992), «Iconografía del Puente de Viveros (Madrid) a través de los proyectos del siglo XVIII», *Actas del IX Congreso del C.E.H.A.* León, p. 149-158.

tradicional, es decir, a la romana, una a una, por lo tanto la cimbra se reutilizaba aunque con pequeñas reparaciones. Cuando se trata de construir un puente con varios arcos dominando uno central se construyen en primer lugar los laterales para que recojan los empujes del dominante. Paralelamente la cantería labra y talla por baibel o por robas las piezas dovelas que constituyen la materia del arco o arcos.

En general para levantar pesos no se utilizaban máquinas ni inventos específicos, sino que se aprovechaban diferentes grúas y mecanismos que también se utilizaban en otros procesos constructivos, pero no hay que menospreciarlas porque estas máquinas eran muy importantes, como lo prueba la dedicación y diseño que de ellas realizó Juan de Herrera para la construcción del Monasterio de El Escorial, cuya personalidad y obra ha sido tan estudiada por Luís Cervera Vera.[33]

Las últimas operaciones constructivas consistían en cerrar el arco con la dovela clave y proceder a su descimbrado, momento de gran dificultad ya que los empujes se transmiten a los pilares o estribos donde se apoya el arco. A continuación se levantan los paramentos o tímpanos de los dos frentes del puente y se concluye la calzada, empedrando y enlosando, procesos para los que también conservamos dibujos específicos, ya que el suelo del puente está sufriendo constantemente el deterioro por el paso de carros, ganado

---

[33] L. Cervera Vera (1986) «Desarrollo y organización de las obras del Monasterio de San Lorenzo El Real de El Escorial», en *Fábricas y orden constructivo (La construcción),* IV Centenario del Monasterio de El Escorial. Madrid, Comunidad de Madrid, p. 19-81. L. Cervera Vera (1986), *El manuscrito de Juan de Herrera indebidamente titulado «Architetura y Machinas».* Valencia, Patrimonio Ediciones, S.L.; JC Palacios Gonzalo, «La estereotomía en el Renacimiento, El Escorial», en *Fábricas y orden constructivo*, p. 97-107.

y personas y hay que repararlo con frecuencia, por ejemplo en el Puente de Segovia, ya considerado en este aspecto.

Los pretiles o antepechos pueden llevar algún elemento decorativo, siendo las bolas o esferas el más dominante en el siglo XVI. Algunos puentes conservan la inscripción conmemorativa de su construcción, como se hacía en las grandes obras públicas romanas o en la Roma de los papas durante los siglos XVI y XVII. Recordemos que el término pontífice (Pontifex) es, etimológicamente, constructor de puentes.

Así, conservamos la cartela del Puente de Ambite, «D. Manuel de la Carrera Calderón me fezi. Año de 1756»; o en el Puente de Bayona de Manuel Serrano, arquitecto real de Aranjuez, que indica en la dovela clave «MDCCLXXV». También conservamos la inscripción en el Puente de Navalcarnero-Móstoles sobre el río Guadarrama, «Año 1805».

Una de las grandes innovaciones técnicas en la construcción de puentes se debe, precisamente, a la construcción de arcos múltiples de la misma luz, en los cuales los empujes horizontales que los arcos transmiten a las pilas se equilibran al finalizar la obra. Todo esto implicaba construir todos los arcos a un mismo tiempo –muchas cimbras, más coste– pero descimbrarlos también al mismo tiempo.

El ingeniero que ideó este sistema y lo ensayó en el famoso Puente de Neuilly (1768-1774), fue Jean-Rodolphe Perronet (1708-1794), cuyo descimbramiento en 1772 se convirtió en todo un espectáculo, con una duración de solo tres minutos y medio ante la presencia del rey Luis XV, el 22 de septiembre de 1771. El pintor Hubert Robert (1733-1808) lo plasmó en su conocida obra *El descimbramiento del puente de Neuilly*, un óleo sobre lienzo conservado en el Musée Carnavalet-Histoire de París, en París.

La solución de este puente destruido en 1932, que fue considerado el primer puente moderno, se adoptó de forma generalizada por los ingenieros siendo una de las grandes aportaciones constructivas de fines del siglo XVIII.

En nuestra región sabemos que también se utilizó, según nos muestra el proyecto de finalización del puente de Navalcarnero-Móstoles por el ingeniero hidráulico don Miguel de Ynza, en 1805, dibujos además de una extraordinaria calidad.[34]

[34] Con anterioridad a la pintura del Puente de Neuilly el arquitecto y grabador italiano Giovanni Battista Piranesi (1720-1778), realizó en 1764 una estampa muy divulgada por Europa, titulada *Vista del Puente de Blackfriars*, en Londres, durante su construcción (grabado conservado en Londres, The British Museum), donde se manifiestan dos grandes bóvedas de cañón para la construcción del puente cimbradas al mismo tiempo. La estampa fue publicada en 1766. Sobre el Puente de Navalcarnero véase nota 25.

Capítulo IV
Los funcionarios del puente y su financiación

La financiación

La construcción de un puente constituía dentro de la economía del antiguo régimen una empresa de gran esfuerzo estatal y municipal. Una vez edificado ha de mantenerse, repararse y, además, controlar la circulación y usos. El «repartimiento» fue la fórmula más extendida de financiación no solo para los puentes de nuestra región sino, en general, para el resto de España. Este modo de financiación que podríamos considerar como una «aportación forzosa» por un uso inmediato o futuro, coincide con otra que es la del pontazgo o portazgo, es decir, el pago de un arancel por su uso y paso, tanto por animales, carruajes, mercaderías, personas, es decir un canon por circular.

Es este segundo modo de financiación el que adquiere una importancia espectacular a lo largo del siglo XVIII, por el aumento demográfico e intercambios comerciales, y por una mayor integración de los territorios peninsulares del centro respecto de los reinos periféricos. Estos aspectos son, básicamente, los ejes de las transformaciones económicas y sociales del siglo XVIII.

Los diferentes repartimientos nos ofrecen la posibilidad de conocer y analizar el origen del tráfico mercantil, pues afecta a lugares en un amplio radio geográfico, lugares todos ellos que comercian con Madrid y su entorno próximo.

El repartimiento es una decisión de Gobierno y, por tanto, corresponde al Consejo de Castilla su autorización, cumplimiento y seguimiento. Un repartimiento se inicia autorizándolo una Orden del Consejo de Castilla, con indicaciones muy minuciosas, señalando los lugares incluidos en él, cuestión esta muy significativa pues afecta a la economía de numerosas localidades y personas.

Uno de los repartimientos que tenemos mejor documentados es el del Puente de Viveros para 1759 y 1772; en relación con la primera fecha contribuyeron 160 lugares y para la segunda se repartieron 727.377 reales de vellón entre los pueblos situados en cuarenta leguas a la redonda; de esa forma contribuyeron 321 lugares de Toledo aportando entre todos un cupo de 251.405 reales de vellón. Los 422 pueblos de Cuenca que pagaron 150.015 reales de vellón; los 92 pueblos de la provincia de Madrid contribuyeron con 47.810 reales de vellón, llegando incluso el repartimiento hasta Zamora donde 15 pueblos aportaron 1.115 reales.[35]

Los funcionarios del puente

La institucionalización de un pontazgo era la manera más segura de conservar el puente desde todos los puntos de vista. Nuevamente es el pontazgo del Puente de Viveros el que nos sirve de guía en esta trayectoria, pues responde a las características generales, al menos, en los reinos de la Meseta. La institucionalización del pontazgo de Viveros que se lleva a cabo por Real Orden del Consejo de 5 de septiembre de 1753, sirvió para costear los gastos de la obra del

[35] AVM, Secretaría, 1-191-1; AHN, Consejos, legajo núm. 1.753, expte. 16.

puente. A partir de ese momento numerosas órdenes, instrucciones, resoluciones y la actividad de la Junta del puente, mantendrán este pontazgo bien por administración de la propia Villa –fórmula usual– o bien por arrendamiento a particulares.

La administración del pontazgo directamente por Madrid exige una plantilla de funcionarios o dependientes a cargo de la villa, que se ocupen de todos los aspectos que implica la gestión de los recursos del arancel que se cobra en el pontazgo; esto es, en el Puente de Viveros están destinadas las siguientes personas: un administrador, un intendente, un sobrestante y un pequeño auxilio de tropa. No solamente tienen destino allí para realizar su trabajo, sino que residen en la Casa del Pontazgo de la que más adelante hablaremos, pues será necesario acometer en ella obras de remodelación y ampliación.

En 1688 se cobraba un arancel en el Puente de Viveros que se modifica con el paso del tiempo; el de 1753 es muy aparecido al del Real Sitio de Aranjuez que también tenemos documentado, sin embargo están exentos del pontazgo los conductores de trigo, harina, paja y cebada para la provisión de la Corte, de los Cuerpos de Guardias de Corps, de Infantería y Carabineros y tampoco se exigirá pontazgo a las personas que conducen materiales para la obra del Nuevo Palacio y Real Monasterio de la Visitación de Madrid. Tampoco pagarán pontazgo los ministros del Resguardo de Rentas Reales y los conductores de dichos caudales.[36]

La complejidad del pontazgo condujo a la redacción de unas instrucciones por parte del superintendente del puente, procedimiento este muy utilizado por la monarquía y

---

[36] AVM, Secretaría, 1-191-19; Contaduría, 2-567-1.

sus ministros para regular múltiples aspectos de la vida del país. Las primeras que conservamos llevan la fecha de 27 de septiembre de 1758 y en ellas se incluyen las competencias del administrador, interventor y sobrestante celador, esto es, los que hemos denominado «funcionarios del puente», siendo obligación de todos ellos tener siempre presente en la puerta el arancel de precios para que los pasajeros puedan tener conocimiento de él; su cobro y exacción se ha de hacer con arreglo al mismo arancel y se ha de cobrar de todas las clases, excepto de quienes tienen la correspondiente certificación o tornaguía que les autoriza a no pagarlo.

El administrador tiene un sueldo anual de 5.000 reales de vellón, en el que se incluye el alquiler de caballerías necesarias para entregar los caudales en la Tesorería de Arcas de sisas de Madrid, y otros gastos que se le pueden ocasionar que no sean de escritorio o procedidos del coste de pertrechos precisos para su comisión.

El administrador debe tener para llevar la cuenta y razón de su producto un libro formado en pliegos agujereados, foliados y rubricados del interventor, y en él asienta diariamente con separación y claridad los coches, calesas, carromatos y otras clases que tiene el arancel, con expresión del importe de cada clase, sacando números al margen para su suma, y también sacará las partidas que se dejasen de cobrar en virtud de las exenciones concedidas o las que en adelante dispensase el rey.

En la Casa del Pontazgo se custodia el arca de dos llaves comprada en la administración pasada: una de las llaves la tendrá el administrador y la otra el interventor, y en ella entrará diariamente el caudal recaudado, después de ajustada y comprobada la cuenta con el interventor y en presencia del sobrestante. Entre las obligaciones que tiene el administrador está el conducir el día primero de cada mes el producto del mes anterior y depositarlo en las arcas de Sisas, hecha la deducción de los salarios y gastos que en la Instrucción se asignan de forma fija, poniendo también en la Contaduría de Intervención de Arcas certificación del interventor que acredite todo el producto de la mesada que ingrese, el importe de los gastos y el líquido a entregar. De este líquido recogerá el recibo del tesorero de Sisas intervenido por la contaduría para la justificación de la cuenta anual.

«Al concluir el año de administración deberá presentar en el primer mes siguiente, esto es, en enero, su cuenta jurada y en forma, haciéndose cargo de todo el valor de las doce mesadas con claridad, y con ella el libro original en que se hubiesen llevado los asientos y datando las entregas hechas en las arcas de Sisas, como el importe de salarios de interventor y sobrestante, gratificación de los soldados y gastos de anualidad, justificados con órdenes y recibos intervenidos por el interventor del pontazgo para que, tomada y fenecida por la contaduría de Cuentas de Sisas, se le despache su finiquito en forma regular. Esto es todo el alcance y responsabilidad del administrador».

El interventor tiene un sueldo anual de 4.000 reales de vellón, como el interventor precedente, sin más gratificación o ayuda de costa. «(...) tendrá siempre en su poder una de las dos llaves del arca en que todas las noches se han de recoger y resguardar los caudales, después de cotejada la cuenta del producto del día con el administrador y en presencia del sobrestante, hasta que los saque para su conducción y entrega en la Tesorería de Sisas: para esto ha de dar cada mes el administrador la certificación que queda referida del producto total del pontazgo en la mesada que conduce, con expresión de los gastos que se deducen y el líquido que debe entregar».

»El interventor ha de rubricar todos los pliegos del libro donde el administrador hace los asientos en la forma antedicha; para llevar la cuenta e intervención de lo que diariamente produce este impuesto tiene un libro, igual al del administrador, sentando las partidas con la misma separación de clases y expresando también las exenciones. Existen un importante número de estos libros en el Archivo de Villa.

»Por la noche debe contar el caudal que el administrador ha de poner en el arca, cuidando que lo ejecute sin excusa ni demora. También tiene facultad para intervenir los recibos de los salarios y gastos que van asignados en fijo, sin lo cual no se abonarán al administrador en su cuenta. Al final de cada año, remite el interventor a la Contaduría de Cuentas de Sisas el libro donde hubiere llevado los asientos para que se tenga presente al tiempo de tomar la del administrador y, también, ha de entregar en la misma contaduría certificación que acredite el producto total del pontazgo en el año, sin deducción de gastos, para que con el libro sirva de recibo del cargo que se ha de hacer al administrador.

»El interventor debe poner particular cuidado en la puntual observancia de la Instrucción y del arancel establecido, no permitiendo que se cobre más de lo que se previene, ni se hagan gracias dejando de pagar los trajineros lo que legítimamente y con arreglo al mismo arancel deban contribuir.

»El sobrestante celador tiene un salario anual de 3.000 reales de vellón, sin más gratificación ni emolumento. Su trabajo consistía en ayudar al administrador para la cobranza de los derechos que se deben exigir, celando que esto se haga con toda legalidad y exactitud, y que no se extravíen o dejen de pagar los pasajeros. A este efecto llevará la cuenta de los carruajes y demás clases que le adeuden y contiene el arancel, y por la noche concurrirá con el administrador e interventor al ajuste de la cuenta del caudal que debe entregar en el Arca, y estando conformes rubricarán los tres los asientos del administrador, pero de lo contrario dará cuenta al superintendente y también si faltare en algo al puntual cumplimiento de lo que queda prevenido por la Instrucción, y sustituirá al administrador y al interventor en casos de enfermedad o ausencia por justificado motivo.

»Todos y principalmente el administrador o el interventor han de dar cuenta por escrito de las novedades que ocurran en el puente, bien sea por sus propias contingencias o bien por lo respectivo a la recaudación de los derechos que han de ejecutar con buen modo, evitando disensiones y disturbios que solo servirán para inutilizar su buena administración. Para auxiliar a esta continuará la asistencia de un sargento y tres soldados y dará de gratificación cada día los mismos seis reales y medio que siempre se les ha suministrado; los dos para el sargento y los cuatro y medio para los tres soldados, con cuatro libras de carbón cada día para todos y dos camas, cuyo alquiler importa cuarenta reales al mes, que igualmente pagará el administrador del caudal del pontazgo. Para el brasero del despacho se le abonará una cuartilla de carbón para cada día de los cuatro meses de diciembre, enero, febrero y marzo, y todos los del año una libra de aceite para luces para el despacho y los soldados».[37]

[37] AVM, Secretaría, 2-266-2.

La Casa del Pontazgo

Desde que se institucionaliza el pontazgo en el Puente de Viveros y se destinan allí a las personas que tienen que cumplir este servicio por parte de Madrid, aparece la necesidad cada vez más acuciante de una casa permanente y cómoda, donde se realice el trabajo de recaudación, se conserven los libros de administración, se custodie el dinero y vivan, además, las personas destinadas a ello.

Una primera casa fue construida hacia el verano de 1753 bajo la dirección del arquitecto murciano Jaime Bort, que desde marzo de ese mismo año se hallaba trabajando en la plancha de madera del puente, presentando el arquitecto la cuenta y relación jurada de las obras el 26 de octubre de 1753. Esta casa aparece denominada en los documentos como casón, y no hay otras referencias documentales más explícitas ni gráficas. Desde marzo, el arquitecto trabajó en los terraplenes hechos en la plancha de madera para el puente, y en las puertas y viviendas inmediatas para el albergue de los individuos destinados al cobro de la contribución, ocupándose en ello un total de 131 días. De la cuenta y datos presentados por Bort se desprende que la casa era, fundamentalmente, de madera, para habitación del administrador y custodia de herramientas empleadas en la construcción del nuevo puente. También hizo otra vivienda pequeña para poder guarecerse los soldados. Esta casa dos años más tarde amenaza ruina proponiendo Sacchetti y Molina arquitectos de la Villa y Corte, en un informe, una remodelación prácticamente total.[38]

---

38 AVM, Contaduría, 2-567-1.

El oratorio

Las necesidades religiosas de los dependientes del pontazgo y trabajadores en la construcción del puente motivaron, ya desde los primeros momentos, la instalación de un oratorio en la propia casa financiado con el producto del pontazgo. Así en la Junta del puente celebrada el 19 de mayo de 1755 se acuerda la construcción del oratorio: «... que se construya en aquella situación, lo más decente que sea posible, se dé providencia de que asista de continuo un religioso del convento de Paracuellos, facilitando al mismo tiempo el permiso correspondiente para que en los días de precepto, después de oír misa, pueda trabajar la gente en la referida obra». El 5 de junio de 1755 la Junta del puente pidió permiso al Cardenal de Toledo Arzobispo Lorenzana para construir el oratorio y decir misa los domingos. El cura del cercano y ya desaparecido pueblo de Rejas se ocupaba de ello por 150 ducados de vellón al año, por vía de limosna. El oratorio se instaló en la casa de la administración anteriormente mencionada, que era pequeña, y que no cumplía unas mínimas condiciones para tanta actividad y personas. Por este motivo hacia 1766, al tiempo que se realizaban obras de reparación de poca entidad en el puente a cargo de Juan Durán, arquitecto y alarife de Villa, se reforman nuevamente la casa-administración y el oratorio.[39]

---

[39] AVM, Secretaría,1-192-24.

El proyecto de casa administración de Juan Durán

El arquitecto, alarife y teniente de maestro mayor de obras de la Villa de Madrid Juan Durán, se ocupa desde 1766 de realizar reparos en el Puente de Viveros, y también de la ampliación de la casa-administración del pontazgo. Se conserva el proyecto incorporado al expediente que consistía en una construcción de dos plantas comprensivas de varias dependencias: un despacho, oratorio con altar, despensa y cocina para los administradores. En otra ala longitudinal se hallan el cuartel de soldados con la cocina y cuadra, que tiene entrada independiente. La escalera conduce a la cueva y a la segunda planta; en ella «al andar del cuarto principal» hay nueve cuartos sin identificar, que serían del administrador y demás dependientes. En conjunto era una construcción modesta.[40]

El proyecto de casa administración de Ventura Rodríguez

La casa administración que había mejorado Juan Durán hacia 1766 se hallaba situada a la entrada del puente, hacia el camino de San Fernando, lado derecho saliendo desde Madrid, muy cerca de las aguas; enfrente, es decir, hacia la izquierda del puente orientada hacia el camino de Rejas se hallaba la casilla de las herramientas en la que, años atrás, había intervenido el arquitecto Jaime Bort. El lugar de ubicación era muy húmedo y bajo por la proximidad del río Jarama. Esa circunstancia unida a las incomodidades que sufren los administradores por su mala disposición, es la que obliga a pensar en una nueva obra mejor dispuesta y emplazada, y más amplia.

---

40 AVM, Secretaría, 1-192-17, incorpora plano.

Ventura Rodríguez como Maestro Mayor de la Villa reconoció el sitio y terreno y propuso lo siguiente en 1777: «(...) abandonar la casa principal, demoliéndola, y a que se ejecute otra en paraje conveniente, cual es el que propongo y explico en la adjunta traza y plano topográfico, figura Iª, letra F, con la distribución y repartimiento que muestran las figuras II, III, IV y V y su respectiva explicación, colocándola más apartada del río hacia Madrid, en la mayor altura que se pueda, desmontando a este fin la punta de una tierra de sembradura que está entre los caminos de Madrid y San Fernando, y haciendo una línea de pared a cada lado de la entrada de la puente, que en dicho plano se figuran para aproximar los caminos y pasajeros a la casa, cuya fábrica haciéndose con cimientos de guijarro y mezcla de cal y arena, zócalo de mampostería de pedernal y dicha mezcla, paredes de pilares de cal y ladrillo y tapias de tierra ...suelo de bovedillas y a cielo raso el techo del oratorio, tabiques de ladrillo y de adobe y yeso; escalera de madera, armaduras y tejados en la forma ordinaria, solado de baldosa y piso principal, empedrado el bajo (...), todo tendrá de costa 44.800 reales (...) aprovechando los materiales que resulten de la demolición de la casa vieja (...)».

La Junta de Propios y Sisas de Madrid autorizó la obra en 17 de septiembre de 1777 bajo la dirección del mismo arquitecto, pero las obras se demoraron y encarecieron; aún en 1782 por Orden del Consejo de Castilla el arquitecto da una nueva traza que conservamos. Toda la obra concluyó en 1785 a cargo del maestro Mateo Güill, teniente de Maestro Mayor.[41]

[41] AVM, Secretaría, 1-192-17; 1-193-3; 1-193-24; 1-193-23; 1-193-25; 1-193-27; AHN, Consejos, legajo núm. 1.753, exp. 16, plano núm. 517.

Capítulo V
Puentes de madera y barcas de río

Si consultamos las fuentes documentales y la iconografía que nos ha llegado de épocas pasadas, advertimos que en la historia del puente y en todos los tiempos, los puentes de madera, pontones, los puentes de barcas y las barcas de río han tenido una importancia significativa, casi tanto como los de piedra; aunque se levantaron fundamentalmente con carácter provisional, muchos tuvieron una presencia permanente.

El arquitecto Palladio también se ocupó de teorizar sobre estas obras, e indica, «(…) Los hombres hicieron primero los puentes de madera, esto es, los que solo bastaban a su necesidad inmediata; pero después que empezaron a reparar en la inmortalidad de sus nombres y en que las riquezas les dieran ánimo y posibilidad para cosas mayores, empezaron a hacerlos de piedra, los cuales son más duraderos, de mayor gasto y de más gloria para los constructores». Y nos ilustra su tratado con varios ejemplos sorprendentes.

De igual forma podemos contemplar en grabados del siglo XVIII los puentes de madera de Zaragoza, Fraga y Lérida (según el Viaje de Cosme de Médicis); otros importantes fueron los puentes de barcas de Sevilla, Tortosa y Toledo. En las crónicas musulmanas también aparecen con frecuencia referencias a pasos de barcas de madera, especialmente fuera de las grandes áreas urbanas. Casi todas las grandes ciudades españolas de la edad moderna levantaron puentes de madera o de barcas, además de mantener barcas de río en algunos puntos específicos de sus riberas. Para el ejército y defensa del territorio tenían una extraordinaria importancia como nos demuestran, en una fecha tan tardía como 1797, tres dibujos del arquitecto e ingeniero Francisco Sabatini conservados en el Archivo General de Simancas.

De los puentes de madera madrileños los que mejor tenemos documentados son los realizados sobre el río Manzanares, a cargo de la Villa de Madrid, y un pequeño grupo para el Real Sitio de Aranjuez, evidenciándose desde el siglo XVI el interés del Rey por establecer una abundante red de puentes siendo los menores, casi siempre, puentes de madera.[42]

Los pontones madrileños se caracterizan por ser elementos de menor importancia constructiva, fábricas menos complejas, de madera, obras entabladas, con arcos o sin ellos; también pueden ser obras mixtas, esto es, pilares permanentes de piedra o ladrillo, suelos de madera y arcos. Antes de las profundas transformaciones realizadas en la orografía madrileña por las actuaciones del Plan Castro, a partir de 1859, se documentan abundantes pontones sobre el río Manzanares y los arroyos y arroyadas que discurrían por la ciudad.

No siempre esta documentación es precisa sobre el lugar exacto de ubicación del pontón pues, con frecuencia, to-

[42] Se cita el puente de Alhóndiga de madera, cerca de Aceca, en AGS, *Casas y Sitios Reales*, legajo 323 fol. 108. Mapas, Planos y Dibujos XL-25; XL-26 y XL-28, de 25 de agosto de 1607; Pilar Corella Suárez, «Puentes y barcas en el Real Sitio de Aranjuez», *AIEM*, t. XLIII. Madrid, 2003 p. 191-238; AGS, *Guerra Moderna*, legajo 5.727, Mapas, Planos y Dibujos: tres dibujos con oficio de Francisco Sabatini para un puente de barcas, uno de pontones y los instrumentos y útiles necesarios para su colocación, en un expediente sobre puentes militares para el ejército de Extremadura del año 1797.

man el nombre genérico del entorno; así tenemos citados el pontón del Parque en el Prado, el de Recoletos, el de Leganitos, el del Canal y otros. Cuando el pontón es muy grande e importante puede, incluso, denominarse puente y ser de madera: el Puente de las Lavanderas era, en realidad, un gran pontón de madera. Cuando don Pascual Madoz hace la descripción de Madrid en su conocida obra publicada en 1848, nos refiere algunos puentes y pontones que atravesaban Madrid y su territorio; así nos habla de los grandes y hermosos puentes de Segovia y de Toledo, el de la Casa de Campo, el de San Isidro y el Verde que está frente a San Antonio de La Florida, es decir, el denominado en el siglo XVIII de las Lavanderas, ahora pintado de verde. Otras citas se refieren a los de la provincia y, especialmente, a los que atraviesa el ferrocarril de Madrid a Aranjuez. Así nos habla de diez pontones, nueve de paso inferior, tres de paso superior, dos sobre arroyos, tres sobre ríos, uno sobre el Canal del Manzanares y tres viaductos:

«De estos los más notables son el puente de la Abadía, el viaducto de Abroñigal, el puente sobre el Canal del Manzanares, el puente de paso superior de Los Ángeles, el de igual clase sobre el arroyo de Cuniebles, el viaducto de los Prados de Valdemoro, el puente oblicuo sobre el arroyo de San Cosme, el puente sobre el río Jarama, el viaducto de ídem, el puente sobre el Tajo, y las dos estaciones principales».[43]

Los pontones construidos sobre el Manzanares fueron abundantes hasta la desembocadura del río en Vaciamadrid, que es donde entra en el Jarama. En determinados momentos podían ser tan importantes e imprescindibles para la

[43] Pascual Madoz (1848), *Madrid. Audiencia, provincia, intendencia, vicaría, partido y villa*. Madrid, primera edición facsimilar de la de 1848 en 1981. Ábaco Ediciones, p. 46.

vida urbana como un puente de piedra, de ahí que el Maestro Mayor y Alarifes de Villa cuiden y proyecten también los pontones. De casi todos tenemos algunas referencias documentales a lo largo de los siglos XVII, XVIII y XIX. El pontón de Villaverde estaba situado en el camino que baja de los Carabancheles y era un pequeño puentecillo sobre el arroyo del Vadillo, inmediato al Puente de Toledo. De él se ocupa el arquitecto Sacchetti en 1758. Otro pontón es el del Canal del Manzanares, propiedad del Canal, desaparecido por su mal estado a finales del siglo XVIII. El pontón del portazgo de Aranjuez se situaba hacia el sur siguiendo el curso del río y se construyó en la mitad del siglo XIX, junto al portazgo de Aranjuez, a la salida del Camino Real a Andalucía.

Pontón importante era el del llamado Vado de las Delicias, proyectado en 1800 por el ingeniero Ángel Fernández Noseret, y cuyo proyecto se conserva en el Real Academia de Bellas Artes de San Fernando. Otro pontón citado es el de Santa Isabel, muy cerca del anterior, donde hoy está el Puente de Santa Isabel sobre el Manzanares. En torno al embarcadero del Canal los pontones fueron abundantes y poco permanentes, citándose genéricamente «pontón de madera sobre el Manzanares».

El famosísimo pontón de Garrido llamado en ocasiones también Verde para más confusión, es una de las obras más citadas en la documentación y también en la literatura; se encontraba situado sobre un vado en el río entre La Florida y la Fuente de La Teja, algo más abajo del Puente de los Franceses. Conservamos tres dibujos de su proceso constructivo que se lleva a cabo entre 1865 y 1894.

Importante en la vida social y cultural de la Villa fue el pontón del Abanico, más conocido como Puente de las Lavanderas en el siglo XIX y también como Puente Verde.

Se levantó en uno de los espacios más bellos de la ciudad, cercano ya a la Casa de Campo y a la Fuente del Abanico de donde toma su nombre más conocido, y enfrente de la Ermita del Santo, todo ello en la posesión real de La Florida. Su función principal era proporcionar paso a los lavaderos del Manzanares, donde trabajaba una abundante mano de obra femenina[44]. Uno de los más significativos es el que proyecta el mismo Maestro Mayor Don Ventura Rodríguez para poder hacer uso de los lavaderos del Prado de las Vacas. El arquitecto proyectó un pontón de madera de veintidós tramos, bien ejecutado, del que realizó dos dibujos, teniendo un coste de 12.524 reales de vellón y concluido a fines de 1771, pero reparado sucesivamente en 1775, 1777, 1784, 1785, hasta 1893.[45]

El pontón del Abanico es excepcional en el conjunto de pontones madrileños. Conviene, no obstante, citar otros que contribuyeron a conformar la imagen de la Villa en la mentalidad popular. Así ya en el siglo XVII se cita un pontón en el Prado de Leganitos, próximo a la calle de Leganitos y Monasterio de Doña María de Aragón[46]; otro pontón se identifica en 1845 como de San Dámaso, en el Camino de Madrid a los Carabancheles[47]. Otro puentecillo que estaba situado entre la Plaza de San Fernando y Santa Bárbara, fue encargado al arquitecto Custodio Moreno en 1830[48]. Existió también un pequeño puente junto a las inmediaciones del lavadero llamado del Hospicio, probablemente a las afueras

44 AVM, Secretaría, 1-204-41.

45 AVM, Secretaría, 1-129-39; 2-494-31; 1-129-24; Archivo de la Real Academia de Bellas Artes de San Fernando 2-31/10.

46 AVM, Secretaría, 1-129-50; 1-129-45; 2-312-21; 1-129-47.

47 AVM, Secretaría, 4-189-62.

48 AVM, Secretaría, 1-120-30.

de Madrid en el Camino de El Pardo, a cargo del arquitecto municipal Isidro Llanos, en 1849. Un pequeño puentecillo fue construido por el Gremio de Laneros hacia 1869, con motivo de la romería de San Isidro.[49]

El llamado pontón de Embajadores era un pequeño pontón situado entre las dos rondas en torno a 1734-1758. De las obras se encargó don Fausto Manso, maestro y alarife de Villa. Otras referencias aluden a los pontones de las calles de Fuentes y Bordadores, el pontón de Recoletos cercano a la calle del Almirante y convento de Agustinos Descalzos. Otro pontón en el Paseo del Prado para dar salida hacia la Puerta de Alcalá, en 1752, y tantos más.[50]

En cuanto a las barcas de río constituyen también una forma económica y rápida de poder tener disponible el paso. En los ríos madrileños se construyeron un número muy amplio de estas barcas que, en muchas ocasiones, tenemos documentadas. Existieron barcas desde el siglo XVI como la de Arganda de 1505, hasta la de San Martín de la Vega de 1888. Las Relaciones Topográficas de Felipe II citan ampliamente barcas en todo el territorio y no solo madrileño. La barca de Arganda fue una de las más importantes de Madrid y a la que el hispanista David R. Ringrose dedica cierta atención, porque su barcaje –el arancel de utilización– era un buen indicador económico del tráfico mercantil de procedencia murciana o levantina, en general, que llega a Madrid.

[49] AVM, Secretaría, 4-79-79; 4-438-204.

[50] AVM, Secretaría, 1-129-55; 1-133-35; 1-129-59; Pilar Corella Suárez (2003), «Puentes madrileños de la etapa Isabelina». Conferencia núm.10 del Ciclo *El Madrid de Isabel II*. Madrid, IEM, Ayuntamiento de Madrid, 47 p.; Corella (2003) en nota 42.

La construcción de una barca de río responde a lo largo de la edad moderna a unas características definidas y que apenas varían, conservando de todo ello diferentes expedientes con los proyectos de construcción. En términos generales la barca se construía con madera de Cuenca, preferentemente, bien de álamo, pino o roble, manteniendo unas dimensiones muy similares a lo largo de los siglos XVII, XVIII y XIX; su tamaño oscila entre 50-55 pies de largo y 20-25 pies de ancho. Debido a lo materiales y al gran uso cada cuatro o cinco años hay que sustituirlas. De su construcción se encargan unos carpinteros especializados que la documentación denomina «maestros de hacer barcas».

La barca siempre tiene una plataforma central –nadadera o suelo– cuadrada o rectangular, que queda rematada en dos extremos triangulares y elevados respecto del nivel de las aguas, constituyendo su mayor largo –de nariz a nariz– ; los dibujos que conservamos del siglo XIX nos muestran los aportaderos, las maromas, tornos y mástiles. Las velas son otros elementos que llevan las barcas, hasta cuatro según las condiciones, además de barandilla protectora para personas, animales y mercancías. Un documento de 1673 para construir la barca de Arganda nos indica que la madera debe ser de Cuenca y comprada en Buenamesón, en el Real Heredamiento de Aranjuez. Con la madera de Cuenca las barcas duran tres o cuatro años más; los remos se prefieren de madera de álamo, la brea de pez de Segovia. Los precios oscilan entre los 4.500 y 8.000 reales de vellón.

Otra de las grandes e importantes barcas de Madrid era la de Mejorada o Arrebatacardos, que pertenecía a los Propios de Madrid y estaba situada en término de Mejorada –en el entorno denominado Soto del Negralejo– de la que tenemos abundante documentación. La barca de Algete o de Alcobendas en el río Jarama, la de San Martín de la Vega en el mismo río, las barcas del Real Sitio de Aranjuez (Embocador, Puente Largo de Barcas sobre el río Jarama, la barca de Aceca, la barca de Requena) y tantas otras, constituyen en sí mismas un paisaje cultural que solo la historia puede recuperar.[51]

****

[51] David R. Ringrose (1985), *Madrid y la economía española, 1560-1850*. Madrid, Alianza; Pilar Corella Suárez (1998), «Barcas de río en la geografía madrileña de los siglos xvi a xix», *AIEM*, t. XXXVIII, p. 221-260; Corella (2003) *op. Cit.* nota 50.

Vocabulario

A

Alarife: Maestro de obras y maestro en el arte de la construcción. Albañil. Arquitecto. «Sabio en las artes mecánicas, juez de obras de alvañilería», (Covarrubias).

Albanega: Triángulo comprendido entre el alfiz y el arco en la arquitectura musulmana.

Albardilla: En un puente, tejadillo voladizo con que se corona el pretil para evitar que el agua de lluvia resbale por él.

Arco a medio punto: El trazado por media circunferencia o que su flecha es igual a su semiluz.

Arco carpanel: Arco rebajado, formado por varios arcos de circunferencia, generalmente tres, con distintos centros (Vandelvira).

Alcantarilla: Puente pequeño. Colector o sumidero subterráneo por donde corren las aguas de lluvia y las residuales urbanas, generalmente abovedado.

Antepecho: Pretil, muro bajo que se levanta en los bordes de un puente.

Aristón: En obra de fábrica, la esquina hecha con un material de mayor dureza, como la hecha de cantería en obra de ladrillo, con el objeto de reforzarla.

Apartadero: En un puente, espacio sobresaliente de la línea del pretil, usualmente semicircular, donde se apartan las personas, caballerías o carruajes para dejar libre el paso.

Ataquía: Bastardel. Recinto cerrado constituido por pilotes y estacas de madera que se hincan en los terrenos fangosos con la finalidad de facilitar la cimentación en su interior de la pila de un puente, acueducto, u otra obra.

B

Baibel/Baivel: Instrumento de madera formado por dos brazos articulados, uno de ellos recto y el otro curvo que se utiliza para el tallado de las dovelas de los puentes y bóvedas (Vandelvira).

Baquetón: Baqueta de mayor tamaño. Moldura.

C

Cepa: Los primeros fundamentos, que son más gruesos que lo que montea sobre la tierra o el suelo.

Cimbria/Cimbra: Armadura de madera, generalmente provisional, que sostiene las dovelas de un arco o bóveda durante su construcción.

Cimiento: Cimentación, parte enterrada y sólida de un edificio que transmite las cargas de este al terreno.

Colagón: Orificio a ras de suelo que, desde las cocinas de las casas, comunicaban a la calle y por las que se vertían las aguas residuales. Uso durante los siglos XVII-XVIII.

Contratajamares: Tb. Espolones aguas abajo de un puente.

Cuchillo: Tajamar de un puente.

D

Dovela: Pieza en forma de cuña, usualmente sin vértice, cuya parte inferior unida a la de sus vecinas, forma el intradós de un arco o bóveda.

E

Encadenado: En construcción de puentes, disponer o ejecutar con cadenas; *v. Zampeado.*

Enjuta: *V. Albanega.*

Enrejado: Tb. Emparrillado y Zampeado

Espolón: Equivale al tajamar aguas abajo de la pila de un puente.

Estribo: Muros extremos que contrarrestan los empujes de las tierras.

G

Gárgola: Desagüe saledizo rematado en figura fantástica.

J

Jabalcón: Pieza de madera dispuesta oblicuamente en una armadura y que sirve para transmitir las cargas de una viga horizontal a elementos verticales, como las pilas y estribos de un puente.

I

Imposta: Hilada algo voladiza sobre la que se asienta un arco o una bóveda.

L

Labrar a Picón: Labrar la piedra con un pico para obtener una superficie rugosa (p. e. Manuel Serrano en la documentación del Puente de Bayona dice «...he construido un puente de piedra sillería a picón...».

Listel: Moldura. Tb. Baquetón.

M

Machón: En un puente, cada uno de los macizos o pilares que soportan sus arcadas.

Manguardia: En el estribo de un puente, los murallones que funcionan como refuerzo a los lados de este. *V. Estribo.*

Montea: Dibujo de tamaño natural que se hace en el suelo o pared de toda o parte de la obra, representando su plano, corte o elevación, a fin de facilitar el despiece y efectuar los cortes.

P

Pilastrón: Pilastra de grandes proporciones. Pilar formado por varias pilastras juntas.

Plancha: Lámina de metal o madera apta para la representación gráfica.

Pontón: Puente de pequeño tamaño, usualmente de madera.

Pretil: *V. Antepecho.*

Puente de calicanto: Puente de cantería.

Puente de fusta: Puente de madera.

T

Tablero: Elemento directamente portante de las cargas debidas al tránsito de personas, vehículos o animales. Suelo de un puente.

Tajamar (tajamar en un puente): Cuchillo, tb. Espolón. Estribo. En un pilar de puente, estructura angulosa que protege las pilas de la erosión de su cimentación y de los impactos de los maderos que arrastran las avenidas. En los puentes del siglo XVI son los situados aguas arriba, los situados aguas abajo serían los espolones o contratajamares.

Tímpano: Paramento de un puente.

Tizón: Sillar o ladrillo dispuesto en el muro con su longitud mayor perpendicular al paramento. En un sillar, la cara visible en el paramento cuanto esta es la menor.

Tracista: Artífice que da la traza.

Traza: Alzado o montea de un proyecto o construcción.

Trazar: Dar trazas de un proyecto.

Z

Zampea: Obra de cimentación que consiste en realizar una estructura de madera a base de pilotes hincados y travesaños de madera, a manera de riostras, que se rellena posteriormente de piedra para mejorar la capacidad portante del terreno, a fin de construir en terrenos poco firmes o fangosos.

Zampeado: Obra de cimentación mediante zampeas.

Zapata: *V. Zarpa.*

Zarpa: En la cimentación, partes laterales de su grosor cuando estas exceden la anchura del muro que se levanta sobre él.

Fuentes documentales

Han sido utilizadas para el análisis histórico las fuentes documentales de los siguientes archivos:

Archivo de Villa, Madrid (AVM, Secretaría).
Archivo Histórico de Protocolos de Madrid (AHPM).
Archivo Histórico Nacional, Madrid (AHN).
Archivo General de Simancas, Valladolid (AGS).
Archivo General de Palacio, Madrid (AGP).
Archivo de la Real Academia de Bellas Artes de San Fernando, Madrid (ARABASF).
Archivo Regional de la Comunidad de Madrid, Madrid (ARCM).

Bibliografía

A

Aguilar Civera, Inmaculada (2007), *La mirada fotográfica de la ingeniería civil*, Ingeniería y Territorio, Madrid, 78

Alonso, J. J.; Emperador, C.; Travesi. C. (1988) (Asociación Cultural Al-Mudayna), *Patrimonio Histórico Artístico en la confluencia de los ríos Jarama y Henares*. Ministerio de Agricultura, Pesca y Alimentación, IRYDA, Madrid.

Alvar Ezquerra, Alfredo (1989), *El nacimiento de una capital europea. Madrid entre 1561y 1606*, Madrid, Editorial Turner.

Alzola y Minondo, P. (1979), *Las obras públicas en España. Estudio histórico*, Madrid, Colegio de Ingenieros de Caminos, Canales y Puertos. Editorial Turner.

Andrés, Carmen (1989), *Puentes históricos de la Comunidad de Madrid, Madrid*, Consejería de Política Territorial.

Antigüedad, María Dolores (1998), «La arquitectura de los ingenieros», en *Primeras Jornadas de Arquitectura Histórica y Urbanismo*, Cádiz, Universidad de Cádiz.

Anónimo (1767), *Ordenanza del Rey Carlos III para la conservación del Puente Largo sobre el Jarama*; impr. AGP, Reales Cédulas.

Aramburo-Zabala Higuera, Miguel Ángel (1992), «Todos los caminos conducen a Madrid. Los primeros pasos de la centralización de las comunicaciones españolas», en *Actas del Congreso Madrid en el Contexto de lo Hispánico desde la época de los Descubrimientos, II*, Madrid, Universidad Complutense, pp. 785-802.

ARENAS DE PABLO, Juan José (1982), *El puente, pieza esencial del mundo humanizado*, Santander, Universidad de Santander.

B

BARRIO MOYA, José Luís (1990), «El arquitecto dieciochesco Juan Eusebio de la Viesca y su intervención en los puentes de Guadalajara y Alcalá de Henares», *Actas del III Encuentro de Historiadores del Valle del Henares*, Guadalajara, pp. 689-694.

BELIDOR, M. (1737), *Arquitecture Hidraulique, ou l'art de concluire d'elever, et de menager les eaux pour les diffèrents besoins de la vie*. París, 2 ts.

BERNARD, Marrey (1990), *Les ponts modernes 18e. et 19e. siécles*, París, Picard Editeur.

BLASCO ESQUIVIAS, Beatriz (1992), *El tratado de Teodoro Ardemans sobre Ordenanzas Urbanas de Madrid (1719)*. Prólogo de Antonio Bonet Correa, facsímil, Madrid, Ayuntamiento de Madrid.

—(2013), *Arquitectos y tracistas. El triunfo del Barroco en la corte de los Austrias*, Madrid, Centro de Estudios Europa Hispánica.

BONET CORREA, Antonio (1978), *Morfología y ciudad. Urbanismo y arquitectura durante el Antiguo Régimen en España*, Barcelona.

—(1980), *Bibliografía de arquitectura, ingeniería y urbanismo en España (1498-1880)*, Madrid, Editorial Turner, 2 v.

—(1985), *La polémica ingenieros-arquitectos en España*, Madrid, Editorial Turner.

BUSTAMANTE GARCÍA, Agustín (1976), «En torno a Juan de Herrera y la arquitectura». *Boletín del Seminario de Estudios de Arte y Arqueología*. Universidad de Valladolid,

XLII, pp. 227-250.

BUSTAMANTE GARCÍA, Agustín(1983), *La arquitectura clasicista del foco vallisoletano, 1561-1640*, Valladolid.

—(1994), «Caminos y Palacios. Felipe II entre la Capital y El Escorial», en *Actas del Congreso Internacional Madrid en el contexto de lo Hispánico desde la época de los Descubrimientos, I*, Madrid, Universidad Complutense, pp. 23-30.

C

CAPEL SÁNZ, Horacio (1983), *Los ingenieros militares en España, siglo XVIII. Repertorio biográfico e inventario de su labor científica y espacial*, Barcelona, Universidad de Barcelona.

CAYETANO MARTÍN, Carmen (1991), *La documentación medieval en el Archivo de Villa (1152- 1474)*, Madrid, Ayuntamiento de Madrid.

CERVERA VERA, Luis (1985), «Juan de Herrera diseña el puente sobre el río Guadarrama», en *Anales del Instituto de Estudios Madrileños*, XXII, pp. 65-79.

—(1986), «Conjuntos y caminos en torno al Monasterio de San Lorenzo El Real», en *Población y Monasterio (El Entorno), IV Centenario de El Escorial*, Madrid, pp. 37-64.

CORELLA SUÁREZ, Pilar (1988), «El Puente Verde o de San Fernando sobre el río Manzanares en el Camino de El Pardo», *Villa de Madrid*, núm. 96, XXXVI, Madrid, pp. 55-68.

—(1990 a), «Manuel Serrano, arquitecto de Carlos III en el Real Sitio de Aranjuez», en *Actas del Coloquio Internacional Carlos III y su siglo*, Madrid, Universidad Complutense, II, pp. 951-969.

—(1990 b), «La construcción del puente de Bayona

(Titulcia) sobre el río Tajuña durante el reinado de Carlos III», *Anales del Instituto de Estudios Madrileños*, XXIX, Madrid, pp.

CORELLA SUÁREZ, Pilar (1992 a), «Puente de Viveros: formas, economía y sociedad entre los siglos XIV a XVII», *Anales del Instituto de Estudios Madrileños*, XXXI. Madrid, pp. 153-183.

—(1992 b), «Arquitectura, infraestructura y economía del territorio madrileño: proyecto para la construcción del puente de Arganda», *Anales del Instituto de Estudios Madrileños*, XXXII, pp. 51-76.

—(1992 c), «Puentes y caminos reales en torno a la Corte», en *Actas del congreso Madrid en el contexto de lo Hispánico desde los Descubrimientos*. Madrid, Universidad Complutense, pp. 59-71.

—(1992 d), «Iconografía del Puente de Viveros (Madrid) a través de los proyectos del siglo XVIII», *Actas del IX Congreso del C.E.H.A*, León, pp. 149-158.

—(1993), «Puentes madrileños de la etapa isabelina», en *El Madrid de Isabel II*, núm. 10. Madrid, Ayuntamiento de Madrid, Instituto de Estudios Madrileños, 47 pp.

—(1994 a) «Ingeniería Madrileña durante la Restauración», en *Revolución y Restauración*, 9, Madrid, Ayuntamiento de Madrid, Instituto de Estudios Madrileños.

—(1994-1995 b), «Reedificaciones, proyectos y fuentes documentales sobre algunos puentes del Valle del Henares y provincia de Guadalajara», *Anales Complutenses, VI-VII*, Alcalá de Henares, pp. 169-187.

—(1994 c), «Teoría y práctica de la Arquitectura en Juan Eusebio de la Viesca: el proyecto para el puente sobre el arroyo de Torote», en *Actas del IV Encuentros de historiadores del Valle del Henares*. Alcalá de Henares, pp. 477-488.

Corella Suárez, Pilar (1994 d), «Puentes sobre el arroyo Abroñigal», *Anales del Instituto de Estudios Madrileños*, XXXIV, Madrid, pp. 19-40.

—(1997), «El puente ilustrado y su estética: proyectos y realizaciones de puentes españoles del siglo XVII», *Goya*, 259-260, pp. 457-463.

—(1998), «Barcas de río en las geografía madrileña de los siglos XVI a XIX», *Anales del Instituto de Estudios Madrileños*, XXXVIII, Madrid, pp. 221-260.

—(2000), «La restauración de los puentes romanos de Mérida y Alcántara durante los siglos XVIII y XIX», *Goya*, 277-278, Madrid, pp. 267-274.

—(2003), «Puentes y barcas en el Real Sitio de Aranjuez», *Anales del Instituto de Estudios Madrileños*, XLIII, Madrid, pp. 191-238.

—(2004), «Dibujos para el Puente de Segovia de los siglos XVII y XVIII», *Anales del Instituto de Estudios Madrileños*, XLIV, Madrid, pp. 237-248.

—(2005 a), «El puente histórico de Ambite sobre el río Tajuña», *Anales del Instituto de Estudios Madrileños*, XLV. Madrid, pp. 231-245.

—(2005 b), *Navalcarnero. Puente sobre el río Guadarrama. Dibujos y trazas de los siglos XVII, XVIII y XIX,* Madrid, 93 p.

—(2006), «Dibujos de los siglos XVII, XVIII y XIX para los puentes del territorio madrileño y su entorno topográfico (I)», *Anales del Instituto de Estudios Madrileños*, XLVI, Madrid, pp. 173-194.

—(2007), «Dibujos de los siglos XVII, XVIII y XIX para los puentes del territorio madrileño y su entorno topográfico (y II)», *Anales del Instituto de Estudios Madrileños*, XLVII, Madrid, pp. 99-131.

— (2011), «Un dibujo del siglo XVIII para el puente de La

Pedrera en Villa del Prado», *Anales del Instituto de Estudios Madrileños*, Madrid, pp.149-156.

CRUZ VALDOVINOS, José Manuel (1991), «Rodrigo Gil y las obras de agua del Concejo Madrileño (1543-1574)», en *Cinco siglos de arte en Madrid*, III Jornadas de Historia del Arte del Instituto Diego Velázquez, C.S.I.C, pp. 49-60.

CHECA CREMADES, Fernando (1985), «Felipe II y la ordenación del territorio en torno a la Corte», *Archivo Español de Arte*, LVIII, pp. 392-398.

CHUECA GOITIA, Fernando (1967), «El puente sobre el río Jarama en el camino de Aranjuez», *Boletín de la Real Academia de la Historia*, Madrid, CCX, pp. 59-63.

F

FERNÁNDEZ-CASADO, Carlos (1950), *Breve historia de las obras públicas en España*, Madrid, Editorial Dossat.

—(1980), «Historia del puente en España», Madrid, *Informes de la Construcción*, 32, núm. 317.

—(1974), «Madrid y el Manzanares: el río, la ciudad y sus puentes», *Revista de M.O.P.U.*

—(2008), *Historia del puente en España. Puentes romanos*, 2ª ed., Madrid, CSIC.

FERNÁNDEZ TROYANO, Leonardo (1985), «El patrimonio histórico de las obras públicas y su conservación: los puentes». *Informes de la Construcción*, 375, v. 37, Madrid.

—(1994), *Los pasos históricos de la Sierra de Guadarrama*, Madrid, Colegio de Ingenieros de Caminos, Canales y Puertos.

— (1999), *Tierra sobre agua. Visión histórica universal de los puentes*, Madrid, Colegio de Ingenieros de Caminos, Canales y Puertos, Colección, ciencias, humanidades e ingeniería.

FERNÁNDEZ TROYANO, Leonardo (2005), «Variantes morfológicas de los puentes medievales españoles», Madrid, *Revista de Obras Públicas*, 3.459, pp. 11-32.

G

GARCÍA ORTEGA, P. (1982), *Historia de la legislación española de caminos y carreteras*, Madrid, M.O. P.U.

GARCÍA TAPIA, Nicolás (1989), *Técnica y poder en Castilla durante los siglos XVI y XVII*, Valladolid, Junta de Castilla y León.

—(1990), *Ingeniería y Arquitectura en el Renacimiento español*. Valladolid. Universidad de Valladolid.

GOODMAN, David (1990), *Poder y penuria. Gobierno, tecnología y ciencia en la España de Felipe II*, Madrid, Alianza Editorial.

H

HERNANDO ORTEGO, Francisco J. y DE LA HOZ GARCÍA, Carlos (1987), *Relaciones topográficas de Felipe II*, Madrid, Instituto de Estudios Madrileños.

L

LABORDE, A. (1807), *Itinerarie descriptive de l'Espagne*. París.

LÓPEZ GÓMEZ, Antonio (1988), *Riegos marginales de Aranjuez (Mares, azudas, minas y canales)*, Discurso de ingreso en la Real Academia de la Historia, 5 junio de 1988, Madrid, 74 p.

LÓPEZ Y MALTA, Carlos (1988), *Historia Descriptiva de Aranjuez*. Edición facsímil, Doce Calles, Aranjuez.

M

MADOZ, Pascual (1848), *Madrid. Audiencia, Provincia,*

Intendencia, Vicaría, Partido y Villa. Edición facsímil 1981, Ábaco Ediciones, Madrid.

MADRAZO, Santos (1984), *El sistema de transportes en España, 1750-1850*, Madrid, Colegio de Ingenieros de Caminos, Canales y Puertos. Editorial Turner.

MAÑAS MARTÍNEZ, José (1984), *La obra pública. Patrimonio Cultural. C.E.H.O.P.U*, M.O.P.U., Madrid.

MARIÁTEGUI, José María (1843), «Disertación de la situación, disposición y construcción de los puentes…» *Discurso para su recepción como Académico de Mérito en la Real Academia de Bellas Artes de San Fernando*, Madrid, 43 fols. Mss.

MARQUESA DE CASA VALDÉS (1981), «Proyecto de Caxesi para unir Palacio con la Casa de Campo», *Reales Sitios*, 68, pp. 31-36.

MATILLA TASCÓN, Antonio (1989), *Planos, trazas y dibujos. Inventario*, Madrid, Archivo Histórico de Protocolos, Ministerio de Cultura, 239 pp.

MENÉNDEZ MARTÍNEZ, J.M.; SÁNCHEZ LÁZARO, T.; MARCEÑIDO FERRÓN, L. (1990), *Evolución histórica de los itinerarios del Noroeste en la Comunidad de Madrid*, Madrid.

MENESES, Alonso (1976), *Repertorio de Caminos. Alcalá de Henares*. Edición facsímil de la de 1576, Madrid. Ministerio de Educación y Cultura.

MIEG, Juan y PIC DE LEOPOLD, M. (1984), *Panorama del Ferrocarril de Madrid a Aranjuez*, Madrid, edición facsímil de la de 1849, Patrimonio Nacional.

MIGUEL CUESTA, Anastasio (1988), «Puente nuevo sobre el río Guadarrama en Galapagar», *Anales del Instituto de Estudios Madrileños*, XXV. Madrid.

MOHINO CRUZ, A. y MIGUEL CUESTA, Anastasio (1995), «Pedro de Ribera remodela el puente de Retamar y construye el Camino del Escorial por Colmenarejo», *Anales del*

Instituto de Estudios Madrileños, Madrid, pp. 589-591.

MORENO GARBAYO, Justa (1980), «Vistas de España (I)», *Reales Sitios*, núm. 64, Madrid, Patrimonio Nacional.

MUÑOZ JIMÉNEZ, José Miguel (1995), «Los libros del cantero», *Historias de Cantabria*, 9, pp. 25.

N

NAVASCÚES PALACIO, Pedro (1968), «Un dibujo de Alonso de Covarrubias», *Archivo Español de Arte*, 162-163, Madrid, C.S.I.C.

—(1970), «Trazas de Juan Gómez de Mora, Ardemans, Ribera y otros arquitectos para el Puente de Toledo de Madrid», *Villa de Madrid*, 26, Madrid, pp. 52-67.

—(1973), *Arquitectura y arquitectos madrileños del siglo* XIX, Madrid, Instituto de Estudios Madrileños.

—(1985), «Puentes de acceso al Escorial»; *Archivo Español de Arte*, 230, Madrid, Instituto Diego Velázquez, pp. 97-107.

P

PAVÓN MALDONADO, Basilio (1990), *Tratado de arquitectura hispanomusulmana. I. Agua*, Madrid, C.S.I.C.

PERONET, Jean- Rodolphe (1788), *Descriptions des projets et de la construction des ponts de Neuilly, de Nantes, d'Orleans, de Louis XVI… París; (2003), La construcción de puentes en el siglo* XVIII. Editorial Reverte.

PESCADOR DEL HOYO, Carmen (1970), «Fraude en el Puente de Toledo», *Anales del Instituto de Estudios Madrileños*, Madrid, pp. 85-113.

PONTONES, Fray Antonio de San José (1768), *Architectura Hydraulica en las fábricas de puentes. Methodo de proyectarlos y Repararlos. Instrucciones a los maestros de quanto conviene saber para executar esta calidade de obras. Commenzó este Libro el Pe. Pontones año de 1759 y lo concluyó el año de 1768.*

PRIETO GRANDA, Felipe y MARTÍN SERRANO, Pilar (1988), *Carlos III en la Comunidad de Madrid. Arquitectura y obra civil en el medio rural*, Dirección General de Arquitectura, Comunidad de Madrid.

R

REDONDO CANTERA, María José y ARAMBURU-ZABALA, Miguel Ángel (1996), «La construcción de puentes en el siglo XVIII: innovación y tradición», *Actas del Primer Congreso Nacional de Historia de la Construcción*, Madrid, pp. 436.

RIVERA, Javier (1984), *Juan Bautista de Toledo y Felipe II. La implantación del Clasicismo en España*, Valladolid, Universidad de Valladolid.

S

SAAVEDRA. E. (1856), «Teoría de los puentes colgados», *Revista de Obras Públicas*, Madrid.

SÁNCHEZ TARAMAS, Miguel (1769), *Tratado de arquitectura. Traducción del Tratado de fortificación escrito en inglés por Juan Müller*, Barcelona, 2 v.

SÁNCHEZ VIGIL, Juan Miguel (1991), *El Valle del Tajuña*, Madrid, Albia Viaje.

SANCHO GASPAR, José Luís (1995), «La Arquitectura de los Sitios Reales». *Catálogo Histórico de los Palacios, Jardines y Patronatos Reales del Patrimonio Nacional*. Madrid, Patrimonio Nacional.

SANZ GARCÍA, José María (1990), *El Manzanares río de Madrid*. Madrid, Ediciones La Librería.

T

TÁRRAGA BALDÓ, María Luisa (1986), «Los hermanos Jaime y

Vicente Bort en la Corte: el puente Verde y el de Trofa», *IMAFRONTE*, Universidad de Murcia, 2, pp. 65-82.

TERÁN, Fernando de (1984), «Movilidad, comunicaciones y riesgos en el entorno del Madrid Borbónico. Carreteras, caminos, presas, canales, acequias, puentes, barcas, postas, albergues, portazgos y telégrafo en el siglo XVIII», *Madrid y los Borbones en el siglo XVIII. La construcción de una Ciudad y su Territorio*, Madrid, Comunidad de Madrid.

V

VVAA (1873), Varios Autores, «Proyecto de puente de hierro en Fuentidueña de Tajo, proyecto aprobado», Madrid, Ministerio de Fomento.

VVAA (1997), Varios Autores, *Juan de Herrera. Arquitecto Real*, catálogo, Madrid, COAM, Comunidad de Madrid.

VVAA (1986), Varios Autores, *Juan Gómez de Mora (1586-1648). Arquitecto y Trazador del Rey y Maestro Mayor de las obras de la Villa de Madrid*, catálogo, Madrid, Ayuntamiento de Madrid.

VVAA (1992), Varios Autores, *Hacia una idea de la Arquitectura. Premios generales de arquitectura de la Real Academia de Bellas Artes de San Fernando (1753-1831)*, catálogo, Madrid, Consejería de Educación y Cultura, Real Academia de Bellas Artes de San Fernando, Comunidad de Madrid.

VVAA (1985), Varios Autores, *Dibujos de Arquitectura Madrileña del siglo XVIII*, catálogo, Madrid, Museo Municipal.

VVAA (1983), Varios Autores, *El arquitecto Don Ventura Rodríguez (1717-1785)*, catálogo, Madrid, Museo Municipal.

VVAA (1987), Varios Autores, *Madrid y los Borbones en el*

siglo XVIII. *La construcción de una Ciudad y su Territorio*, catálogo, Madrid, Comunidad de Madrid.

VVAA (1987), Varios Autores, *Guía de los puentes de España*, MOPU, 345, Madrid.

VVAA (1988), Varios Autores, *Las obras públicas en el siglo* XVIII, MOPU, 356, Madrid.

VVAA (1992), Varios Autores, *Las propuestas para un Madrid soñado. De Texeira a Castro*, catálogo, Madrid, Ayuntamiento de Madrid.

VVAA (1998), Varios Autores, *Felipe II. Los ingenios y las máquinas. Ingeniería y obras públicas en la época de Felipe II*, catálogo, Madrid, Sociedad Estatal para la conmemoración de los centenarios de Felipe II y Carlos V, Ministerio de Fomento.

VVAA (2004), Varios Autores, *La ingeniería civil en al pintura*, catálogo, Madrid, Ministerio de Fomento y Real Academia de Bellas Artes de San Fernando.

VVAA (2009), Varios Autores, *Palladio 1508-1580, el Arquitecto*, catálogo, Madrid, Fundación La Caixa.

VERDÚ, Matilde (1987), «El arquitecto Pedro de Ribera y su obra municipal», *Villa de Madrid*, 92, Madrid, Ayuntamiento de Madrid, pp. 11-24.

—(1988), *La obra municipal de Pedro de Ribera*, Madrid, Ayuntamiento de Madrid.

—(1990), «Aportación de Ventura Rodríguez al desarrollo de los puentes de Madrid», *Anales del Instituto de Estudios Madrileños*, XXIX, pp. 107-130.

—(1994), «Pedro de Ribera y la remodelación del Puente de Retamar», *Anales del Instituto de Estudios Madrileños*, XXXI, pp. 95.

—(1998), *El arquitecto Pedro de Ribera*, Instituto de Estudios Madrileños, Madrid.

Ilustraciones

Carlos Haes, *Paisaje de la ribera del Manzanares*, 1857. Madrid. Museo de la Real Academia de Bellas Artes de San Fernando (IN762).

Giovanni Battista Piranesi. *Puente de Rimini*.
Edición romana de 1748.

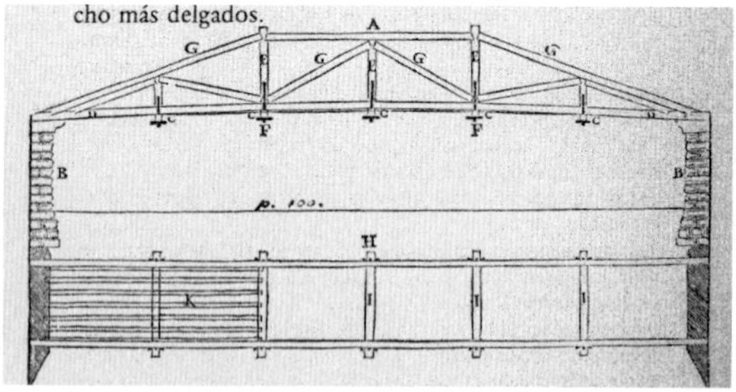

Andrea Palladio. *Puente de Cismone*, en Bassano (Italia).

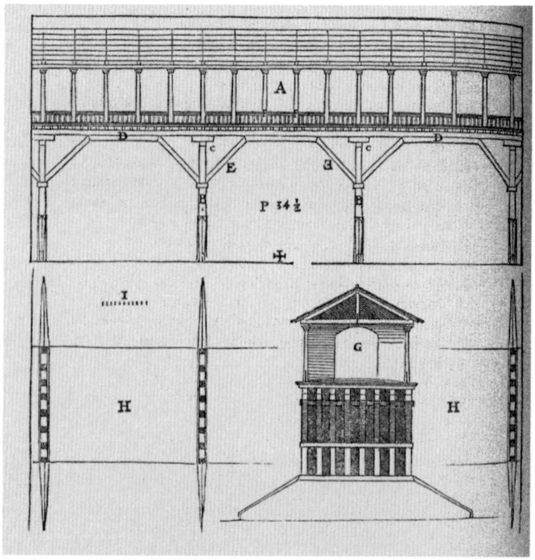

Andrea Palladio. *Puente cubierto de madera*, en Bassano, en el río Brenta.

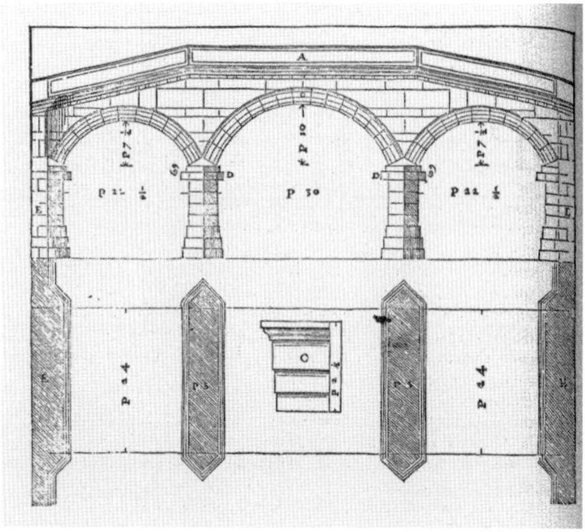

Andrea Palladio. *Puente de Vicenza,* en el Bacchioglione.

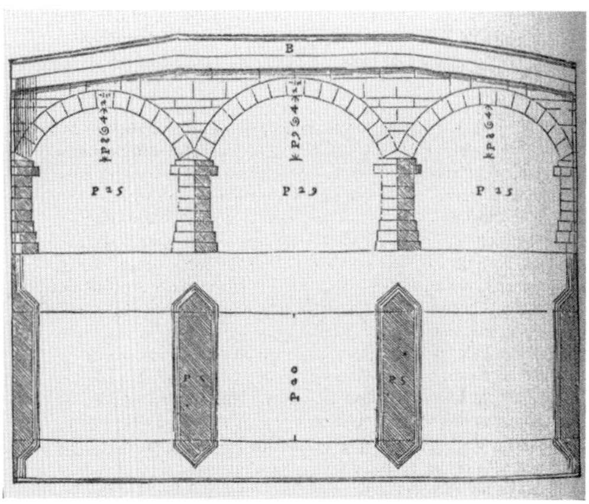

Andrea Palladio. *Puente de Vicenza,*
en el Retrone (Puente delle Beccarie).

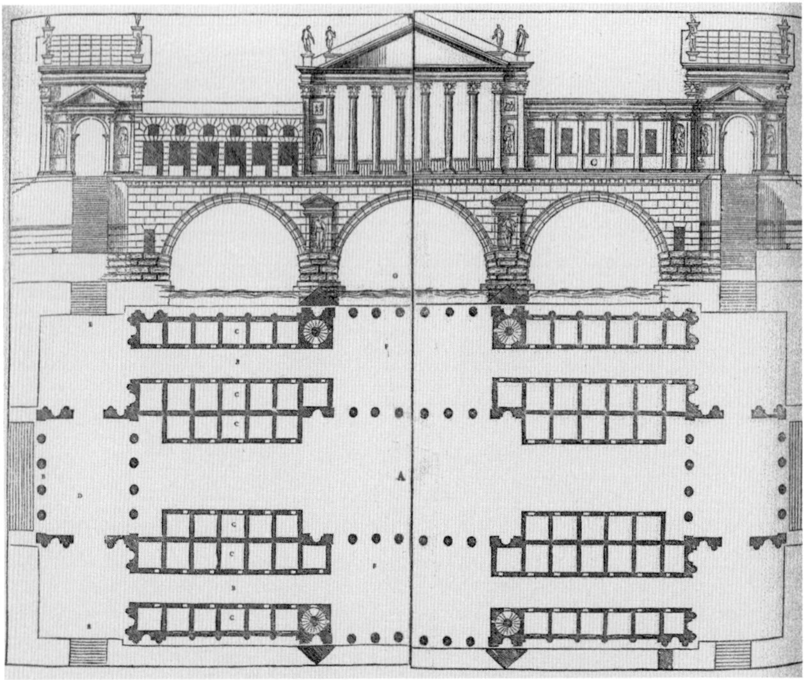

Andrea Palladio. *Puente de su invención.*

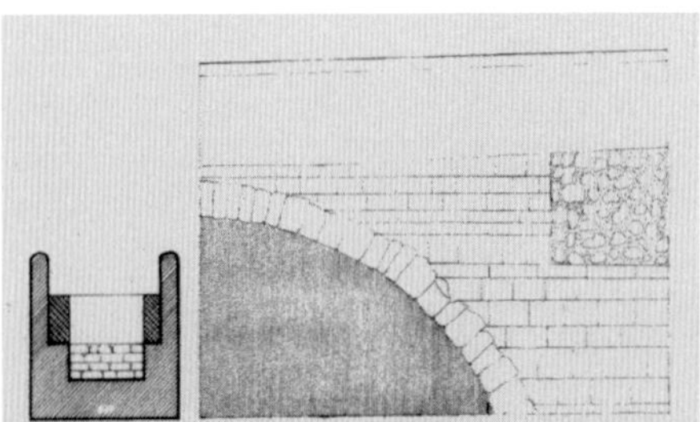

Detalle del arco central del Puente de Talamanca, Madrid.
Abajo marcas de cantería cristianas.
(B. Pavón Maldonado, 1990).

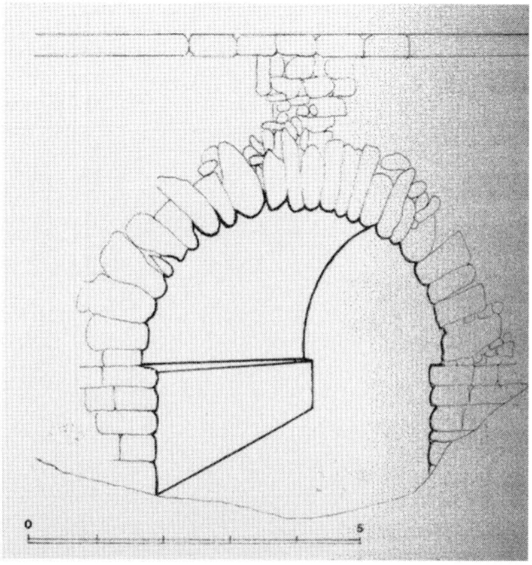

Puente «alcantarilla» en la calzada de la Fuenfría.
(B. Pavón Maldonado, 1990).

Valdemaqueda. Puente Mocha sobre el río Cofio.

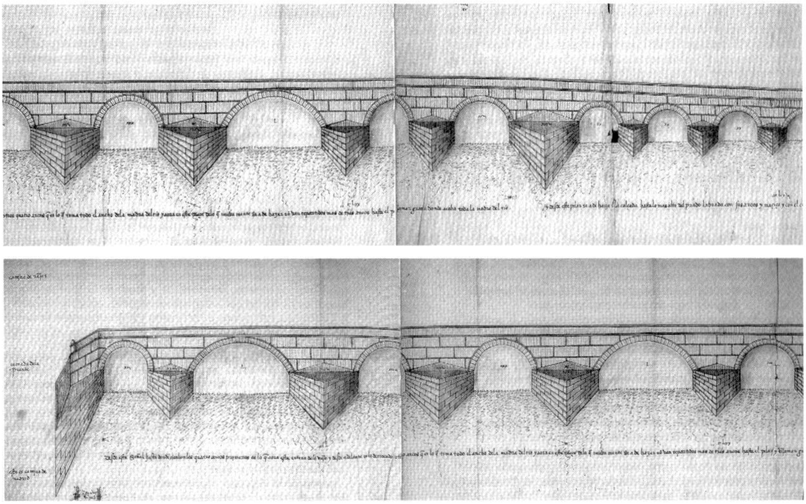

Alonso de Covarrubias. Proyecto para el Puente de Viveros, c. 1543, en el Camino Real de Alcalá. (Madrid, Archivo de Villa, Secretaría, 1-188-63).

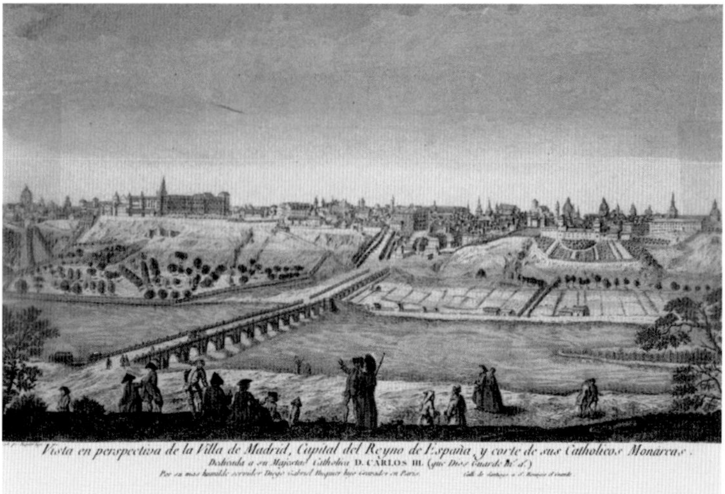

La Villa de Madrid, Capital del Reyno de España.
(Grabado iluminado), Jaques-Gabriel Huquier (1725-1805).
Madrid, Museo Municipal.

Anton van den Wyngaerde, *Vista de Madrid*, h. 1560-1561.
Viena, National-Bibliothek

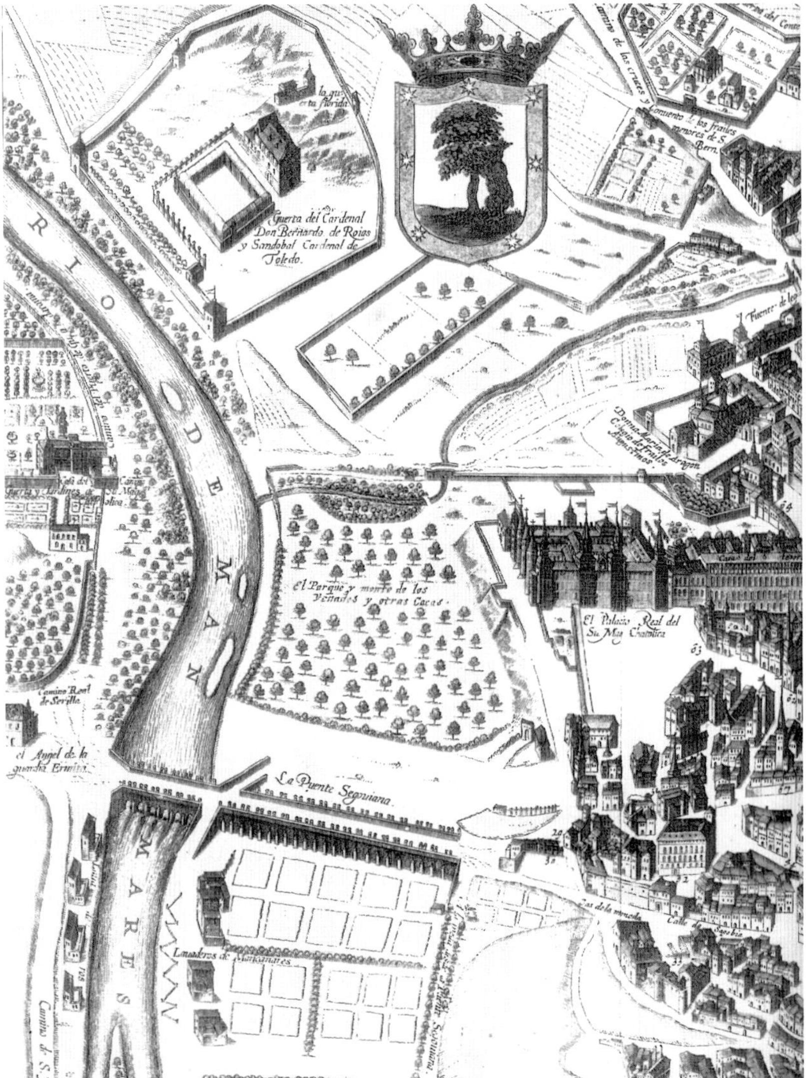

La Puente Segoviana en el plano de Antonio Marcelli, c. 1622.

Ilustración de una obra sobre la limpieza y alcantarillado de las calles de Madrid, de José Alonso de Arce (detalle de grabado). Madrid, Museo Municipal, Juan Pérez (1734).

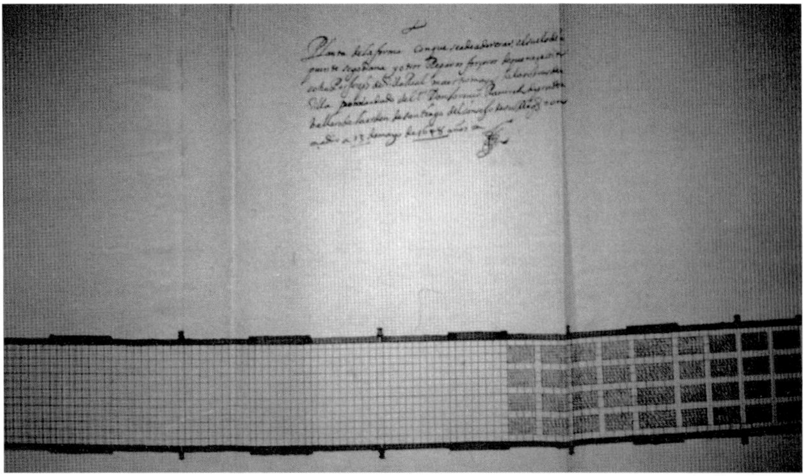

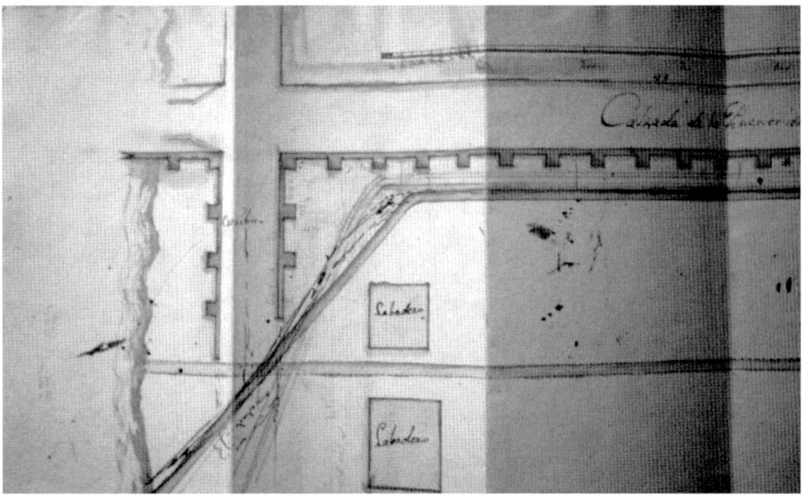

José de Villarreal, dos dibujos para el Puente de Segovia, 1648 y 1649. Madrid, Archivo de Villa.

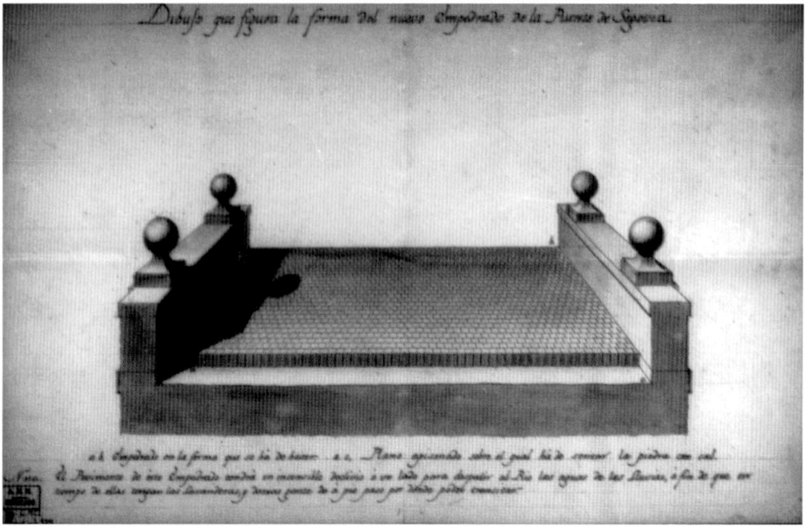

Ventura Rodríguez. Dibujo para el nuevo empedrado del Puente de Segovia, 1775, Madrid. (Madrid, Archivo Histórico Nacional).

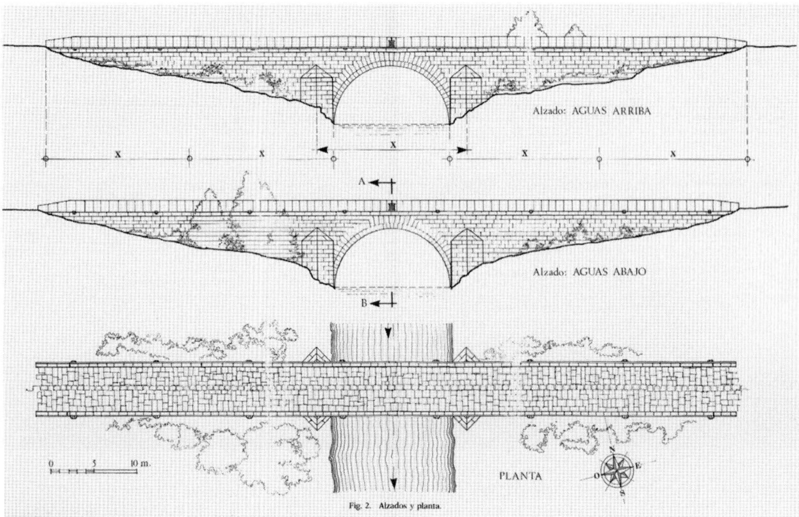

Puente de Herrera sobre el río Guadarrama, Galapagar.
(Dibujos de Luis Cervera Vera, AEIM, 1985).

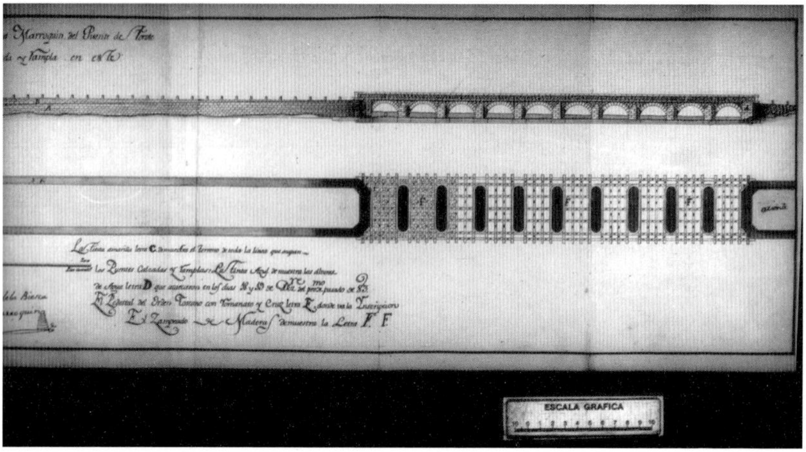

Alcalá de Henares, dibujo de Juan Eusebio de la Viesca para el Puente de Torote (AHN, plano número 519).

Rascafría, Madrid. Puente del Perdón (detalle).

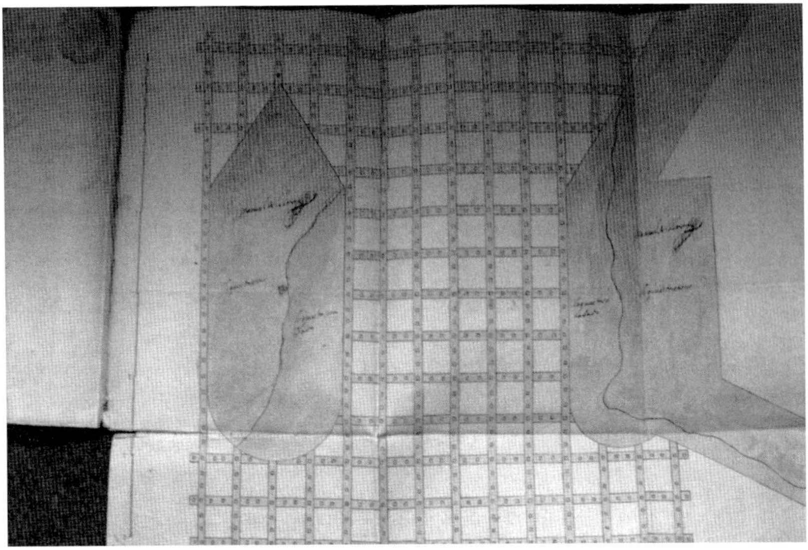

Dibujo para la reparación del Puente de Viveros, Madrid, c. 1688. Manuel y José del Olmo. (Madrid, Archivo de Villa, 1-191-15).

Proyecto para la reedificación del Puente de Viveros, por Nicolás de Churriguera, c. 1755.
(Madrid, Archivo de Villa, Secretaría, 1-192-24).

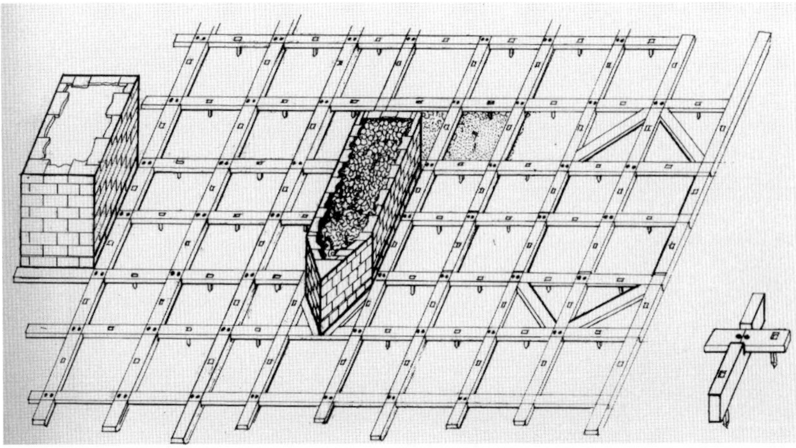

Zampeado de madera de puentes medievales y
de algunas presas.
(B. Pavón Maldonado, 1990, p. 99).

W. Williams (1727-1791), *El puente de hierro de Coalbrookdale*, 1780 (Telford, The Ironbridge George Museum Trust).

Coalbrookdale. El puente en la actualidad.

Viaducto del arroyo Abroñigal y viaducto cerca de Valdemoro, en *Panorama del ferro-carril de Madrid a Aranjuez...* (Madrid, Patrimonio Nacional, 1984).

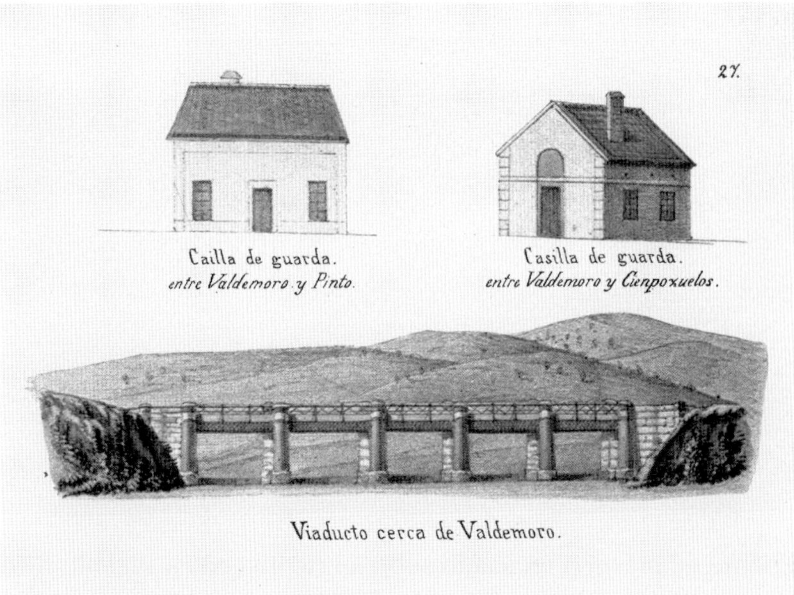

Viaducto cerca de Valdemoro, en *Panorama del ferro-carril de Madrid a Aranjuez...* (Madrid, Patrimonio Nacional, 1984).

Puente de plástico reciclado sobre el río Tweed en Pleebleshire (Escocia, 2012).

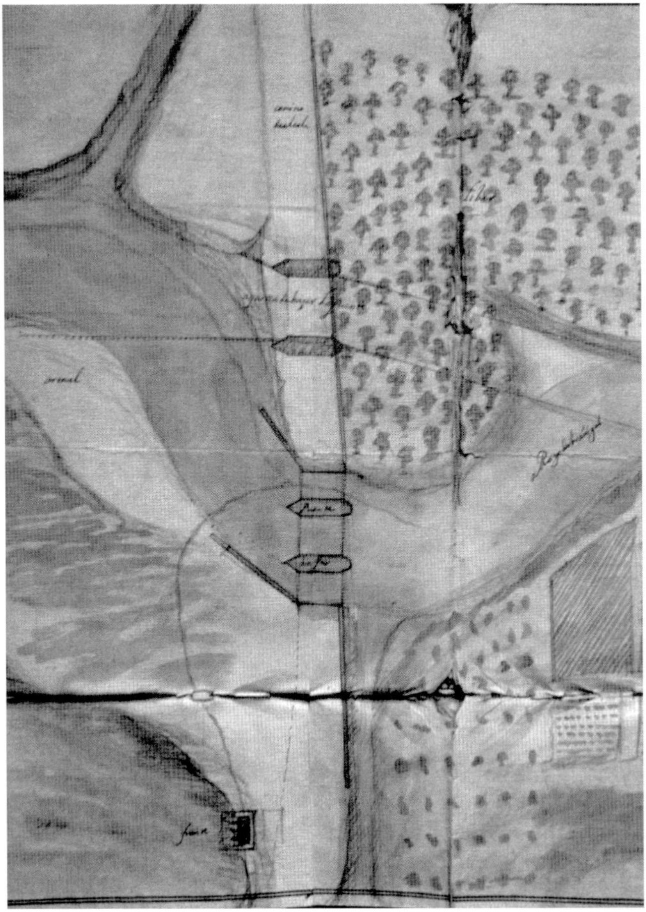

Proyecto para el puente sobre el arroyo Abroñigal, actual M-30, siglo XVII.
(Madrid, Archivo de Villa, Secretaría, 1-129-1).

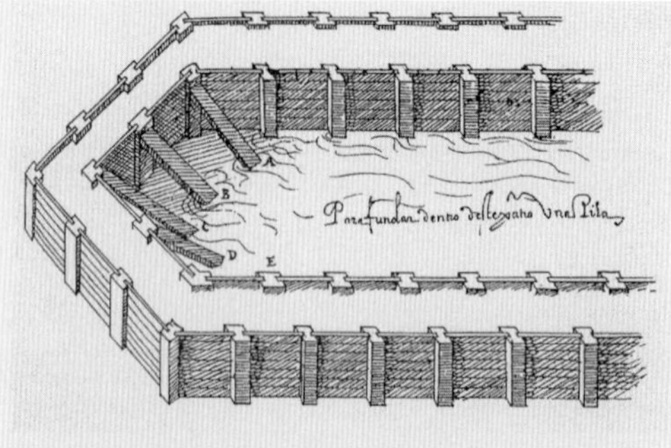

Recinto de tablestacas para cimentar una pila.
Los Veintiún Libros..., lib. XVIII, fol. 363.

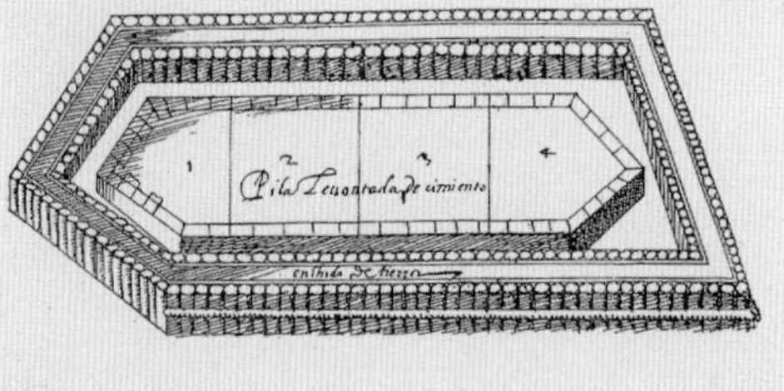

Dibujos para construir recintos de tablestacas y pilotes para cimentar pilas. (*Los Veintiún Libros...* lib. XVIII, fol. 362-363).

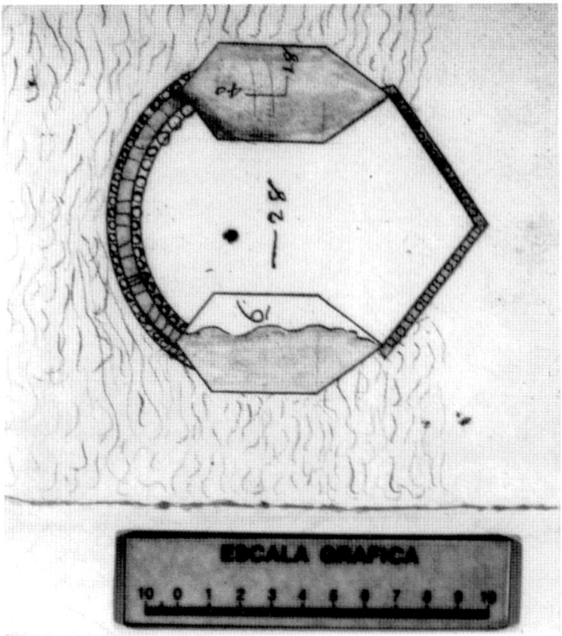

Dibujo para construir y reparar dos tajamares en el puente sobre el río Henares en Alcalá de Henares, c. 1689. (Madrid, Archivo Histórico Nacional, legajo 26.331).

Cartela epigráfica en el Puente de Navalcarnero, 1805.

Hubert Robert (1733-1808), *El descimbramiento del puente de Neuilly*, ca. 1772 (París, Musée Carnavalet-Historie de Paris).

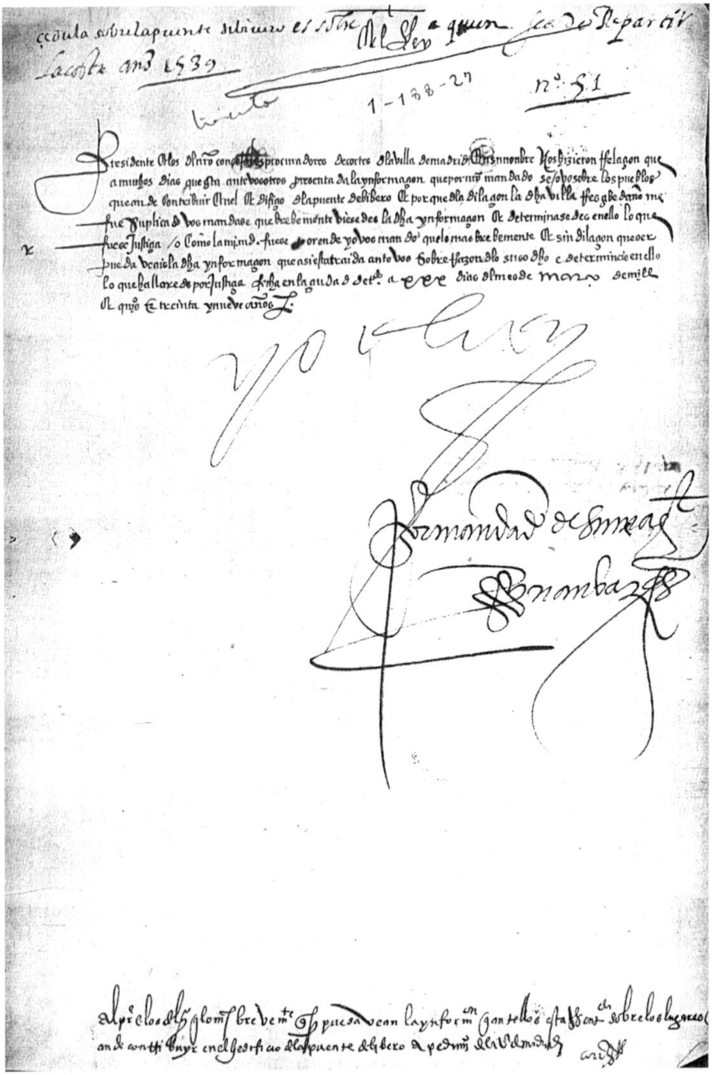

Repartimiento a diferentes lugares de la obra del Puente de Viveros, año 1539.
(Madrid, Archivo de Villa, Secretaría 1-188-27).

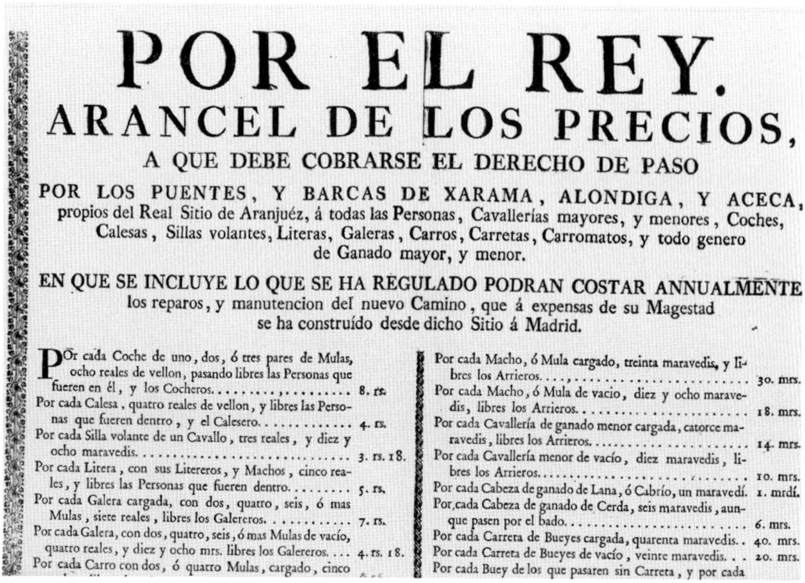

POR EL REY.

ARANCEL DE LOS PRECIOS,

A QUE DEBE COBRARSE EL DERECHO DE PASO

POR LOS PUENTES, Y BARCAS DE XARAMA, ALONDIGA, Y ACECA, propios del Real Sitio de Aranjuéz, á todas las Personas, Cavallerías mayores, y menores, Coches, Calesas, Sillas volantes, Literas, Galeras, Carros, Carretas, Carromatos, y todo genero de Ganado mayor, y menor.

EN QUE SE INCLUYE LO QUE SE HA REGULADO PODRAN COSTAR ANNUALMENTE los reparos, y manutencion del nuevo Camino, que á expensas de su Magestad se ha construído desde dicho Sitio á Madrid.

Por cada Coche de uno, dos, ó tres pares de Mulas, ocho reales de vellon, pasando libres las Personas que fueren en él, y los Cocheros. . . . . . . 8. rs.

Por cada Calesa, quatro reales de vellon, y libres las Personas que fueren dentro, y el Calesero. . . . . . . 4. rs.

Por cada Silla volante de un Cavallo, tres reales, y diez y ocho maravedis. . . . . . . 3. rs. 18.

Por cada Litera, con sus Litereros, y Machos, cinco reales, y libres las Personas que fueren dentro. . . . . . . 5. rs.

Por cada Galera cargada, con dos, quatro, seis, ó mas Mulas, siete reales, libres los Galereros. . . . . . . 7. rs.

Por cada Galera, con dos, quatro, seis, ó mas Mulas de vacío, quatro reales, y diez y ocho mrs. libres los Galereros. . . . 4. rs. 18.

Por cada Carro con dos, ó quatro Mulas, cargado, cinco

Por cada Macho, ó Mula cargado, treinta maravedis, y libres los Arrieros. . . . . . . 30. mrs.

Por cada Macho, ó Mula de vacio, diez y ocho maravedis, libres los Arrieros. . . . . . . 18. mrs.

Por cada Cavallería de ganado menor cargada, catorce maravedis, libres los Arrieros. . . . . . . 14. mrs.

Por cada Cavallería menor de vacío, diez maravedis, libres los Arrieros. . . . . . . 10. mrs.

Por cada Cabeza de ganado de Lana, ó Cabrío, un maravedí. 1. mrdí.

Por cada Cabeza de ganado de Cerda, seis maravedis, aunque pasen por el bado. . . . . . . 6. mrs.

Por cada Carreta de Bueyes cargada, quarenta maravedis. . 40. mrs.

Por cada Carreta de Bueyes de vacío, veinte maravedis. . . 20. mrs.

Por cada Buey de los que pasaren sin Carreta, y por cada

Arancel de precios del Real Sitio de Aranjuez de 1774. (Madrid, AGP, caja 14.236).

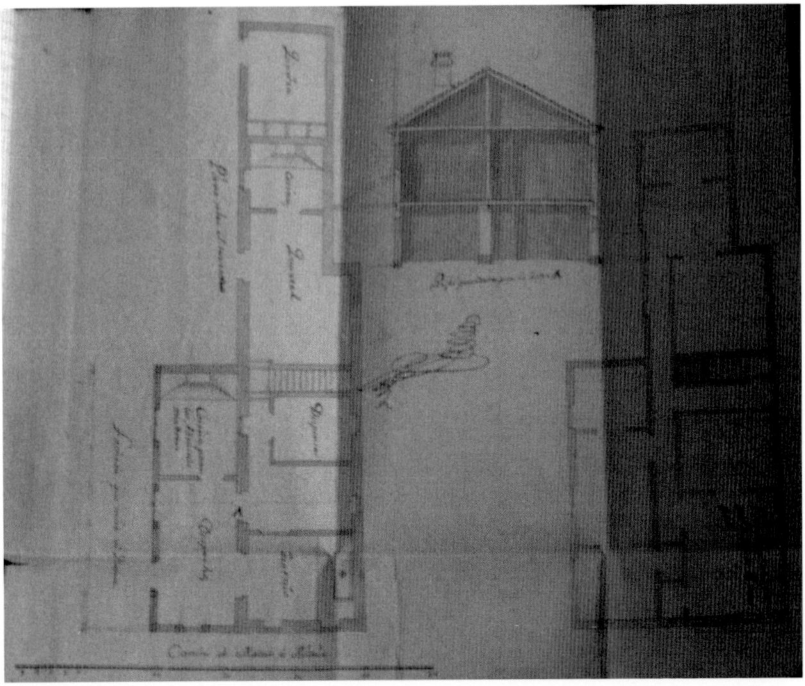

Proyecto para la casa-oratorio del pontazgo del Puente de Viveros, Juan Durán, alarife de Villa, c. 1766. (Madrid, Archivo de Villa, Secretaría, 1-192-17).

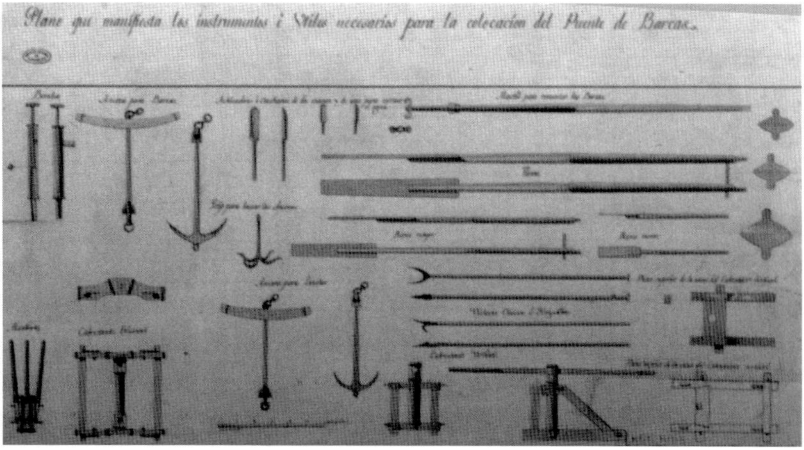

Francisco Sabatini. Plano que manifiesta los instrumentos y útiles necesarios para la colocación de un puente de barcas con carácter militar, c. 1789.
(Archivo General de Simancas, M.P.D. XLIX-5; Guerra Moderna, legajo 5.727).

Puentes de Aranjuez. En *Panorama del ferro-carril de Madrid a Aranjuez...* (Madrid, Patrimonio Nacional, 1984).

Puente de las Lavanderas o del Abanico sobre el río Manzanares, fines del siglo XIX. (Madrid, Museo Municipal).

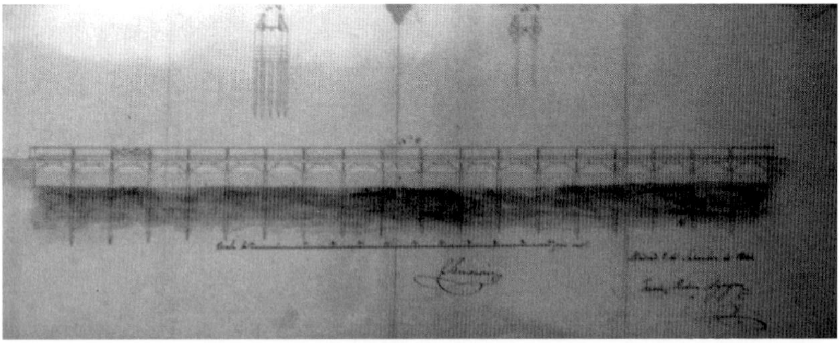

Proyecto para el Puente del Abanico, c. 1844.
(Madrid, Archivo de Villa, 0,59-13-4).

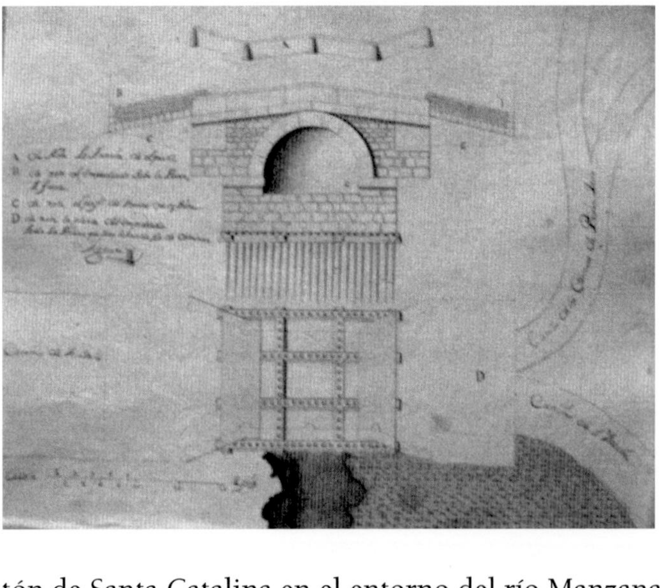

Pontón de Santa Catalina en el entorno del río Manzanares, c. 1730.
(Madrid, Archivo de Villa, Secretaría, 1-134-10).

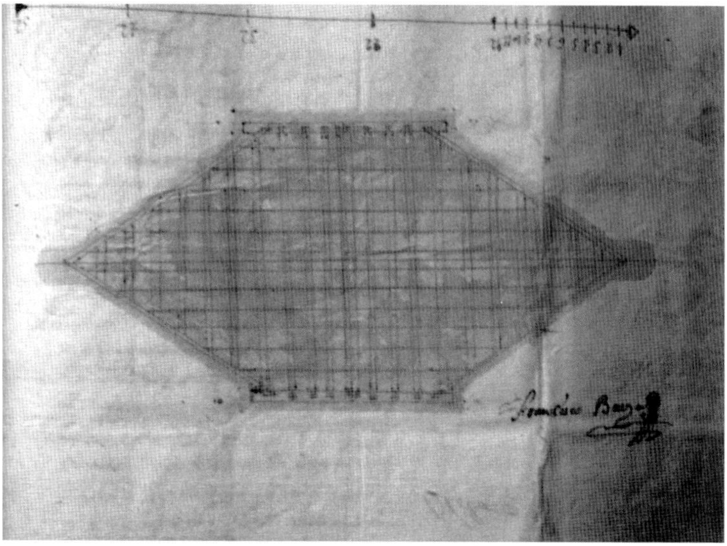

Proyecto para la barca de Arganda, c. 1732.
(Madrid, Archivo de Villa, Secretaría, 3-20-3).

Proyecto para la casa de la barca de Arrebatacardos cerca del Soto del Negralejo en el río Jarama, por Juan Durán, alarife de Villa, 1774. (Madrid, Archivo de Villa, Secretaría, 3-111-13).

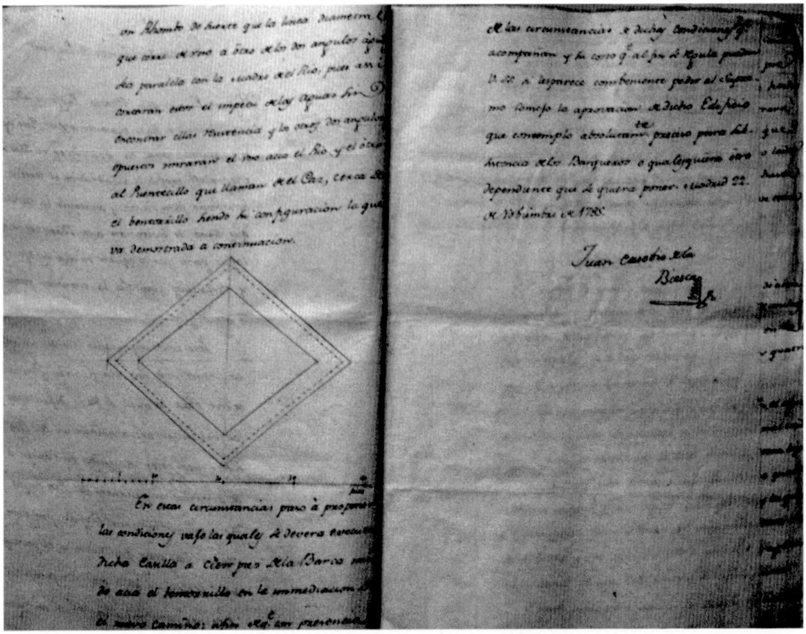

Propuesta para la casilla de la barca de Arrebatacardos en el lugar de Mejorada, por Juan Eusebio de la Viesca, arquitecto, c. 1785.
(Madrid, Archivo de Villa, 3-111-18).

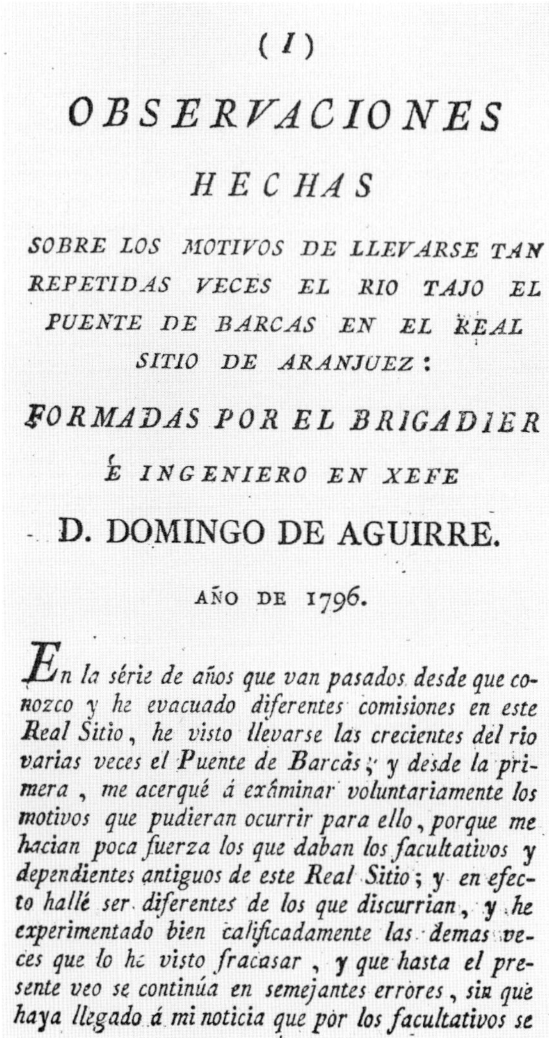

(I)

OBSERVACIONES

HECHAS

SOBRE LOS MOTIVOS DE LLEVARSE TAN REPETIDAS VECES EL RIO TAJO EL PUENTE DE BARCAS EN EL REAL SITIO DE ARANJUEZ:

FORMADAS POR EL BRIGADIER É INGENIERO EN XEFE

D. DOMINGO DE AGUIRRE.

AÑO DE 1796.

En la série de años que van pasados desde que conozco y he evacuado diferentes comisiones en este Real Sitio, he visto llevarse las crecientes del rio varias veces el Puente de Barcàs; y desde la primera, me acerqué á exâminar voluntariamente los motivos que pudieran ocurrir para ello, porque me hacian poca fuerza los que daban los facultativos y dependientes antiguos de este Real Sitio; y en efecto hallé ser diferentes de los que discurrian, y he experimentado bien calificadamente las demas veces que lo he visto fracasar, y que hasta el presente veo se continúa en semejantes errores, sin què haya llegado á mi noticia que pòr los facultativos se

*

Domingo de Aguirre, Observaciones... sobre el puente de Barcas de Aranjuez, 1796.
(Madrid, AGP, caja 14.268).

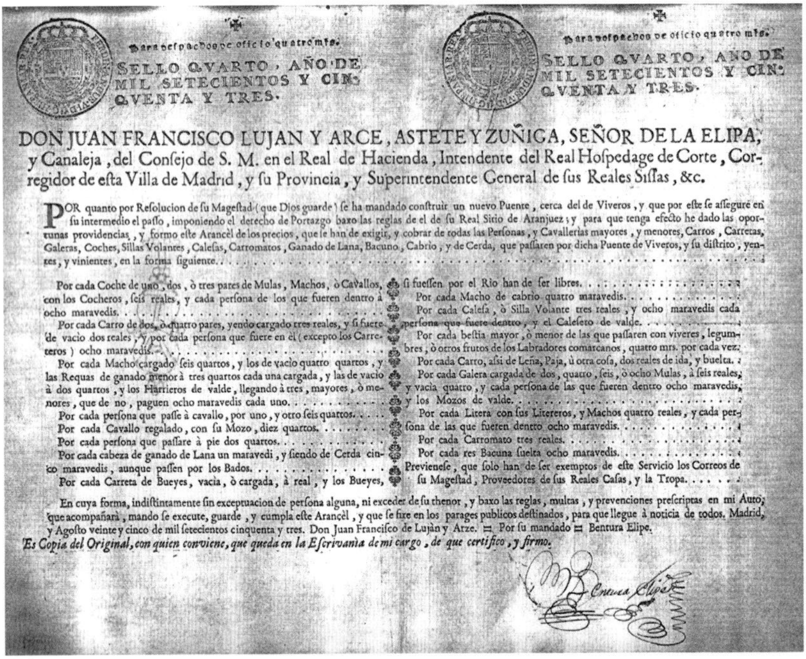

Para deſpachos de oficio quatro mrs.

SELLO QVARTO, AÑO DE MIL SETECIENTOS Y CINQVENTA Y TRES.

Para deſpachos de oficio quatro mrs.

SELLO QVARTO, AÑO DE MIL SETECIENTOS Y CINQVENTA Y TRES.

DON JUAN FRANCISCO LUJAN Y ARCE, ASTETE Y ZUÑIGA, SEÑOR DE LA ELIPA, y Canaleja, del Conſejo de S. M. en el Real de Hacienda, Intendente del Real Hoſpedage de Corte, Corregidor de eſta Villa de Madrid, y ſu Provincia, y Superintendente General de ſus Reales Siſſas, &c.

POR quanto por Reſolucion de ſu Mageſtad (que Dios guarde) ſe ha mandado conſtruir un nuevo Puente, cerca del de Viveros, y que por eſte ſe aſſeguré en ſu intermedio el paſſo, imponiendo el derecho de Portazgo baxo las reglas de el de ſu Real Sitio de Aranjuez; y para que tenga efecto he dado las oportunas providencias, y formo eſte Arancèl de los precios, que ſe han de exigir, y cobrar de todas las Perſonas, y Cavallerìas mayores, y menores, Carros, Carretas, Galeras, Coches, Sillas Volantes, Caleſas, Carromatos, Ganado de Lana, Bacuno, Cabrìo, y de Cerda, que paſſaren por dicha Puente de Viveros, y ſu diſtrito, yentes, y vinientes, en la forma ſiguiente. . . . . .

Por cada Coche de uno, dos, ò tres pares de Mulas, Machos, ò Cavallos, con los Cocheros, ſeis reales, y cada perſona de los que fueren dentro à ocho maravedis. . . . . .

Por cada Carro de dos, ò quatro pares, yendo cargado tres reales, y ſi fuere de vacio dos reales, y por cada perſona que fuere en èl (excepto los Carreteros) ocho maravedis. . . . . .

Por cada Macho cargado ſeis quartos, y los de vacìo quatro quartos, y las Requas de ganado menor à tres quartos cada una cargada, y las de vacìo à dos quartos, y los Harrieros de valde, llegando à tres, mayores, ò menores, que de no, paguen ocho maravedis cada uno. . . . . .

Por cada perſona que paſſe à cavallo, por uno, y otro ſeis quartos. . . . .

Por cada Cavallo regalado, con ſu Mozo, diez quartos. . . . . .

Por cada perſona que paſſare à pie dos quartos. . . . . .

Por cada cabeza de ganado de Lana un maravedi, y ſiendo de Cerda cinco maravedis, aunque paſſen por los Bados. . . . . .

Por cada Carreta de Bueyes, vacìa, ò cargada, à real, y los Bueyes, ſi fueſſen por el Rio han de ſer libres. . . . . .

Por cada Macho de cabrìo quatro maravedis. . . . . .

Por cada Caleſa, ò Silla Volante tres reales, y ocho maravedis cada perſona que fuere dentro, y el Caleſero de valde. . . . . .

Por cada beſtia mayor, ò menor de las que paſſaren con viveres, legumbres, ò otros frutos de los Labradores comarcanos, quatro mrs. por cada vez.

Por cada Carro, aſsi de Leña, Paja, ù otra coſa, dos reales de ida, y buelta.

Por cada Galera cargada de dos, quatro, ſeis, ò ocho Mulas, à ſeis reales, y vacìa quatro, y cada perſona de las que fueren dentro ocho maravedis, y los Mozos de valde. . . . . .

Por cada Litera con ſus Litereros, y Machos quatro reales, y cada perſona de las que fueren dentro ocho maravedis. . . . . .

Por cada Carromato tres reales. . . . . .

Por cada res Bacuna ſuelta ocho maravedis. . . . . .

Previeneſe, que ſolo han de ſer exemptos de eſte Servicio los Correos de ſu Mageſtad, Proveedores de ſus Reales Caſas, y la Tropa. . . . . .

En cuya forma, indiſtintamente ſin exceptuacion de perſona alguna, ni exceder de ſu thenor, y baxo las reglas, multas, y prevenciones preſcriptas en mi Auto, que acompañarà, mando ſe execute, guarde, y cumpla eſte Arancèl, y que ſe fixe en los parages publicos deſtinados, para que llegue à noticia de todos. Madrid, y Agoſto veinte y cinco de mil ſetecientos cinquenta y tres. Don Juan Franciſco de Lujàn y Arze. = Por ſu mandado = Bentura Elipe.

Es Copia del Original, con quien conviene, que queda en la Eſcrivanìa de mi cargo, de que certifico, y firmo.

Bentura Elipe

Arancel del pontazgo en el Puente de Viveros, 1753. (Madrid, Archivo de Villa, Contaduría, 2-567-1).

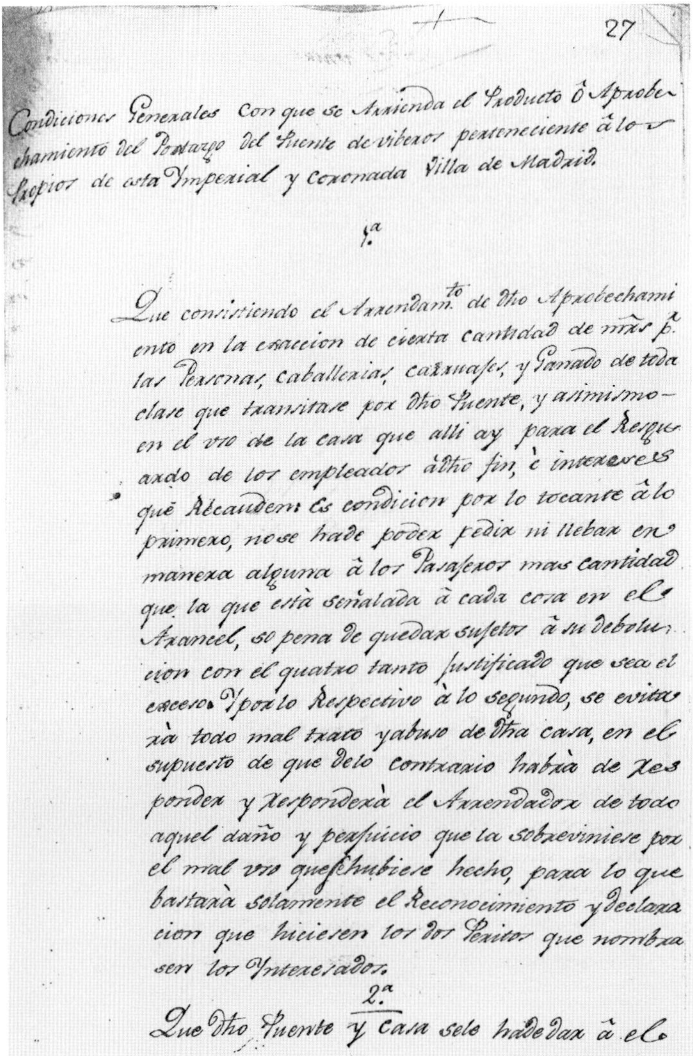
27

Condiciones Generales con que se Arrienda el Producto ô Aprobechamiento del Pontazgo del Puente de viveros perteneciente â los Propios de esta Ymperial y Coronada Villa de Madrid.

1.ª

Que consistiendo el Arrendam.to de dho Aprobechamiento en la exaccion de cierta cantidad de mrs p.r las Personas, caballerias, carruages, y Ganado de toda clase que transitase por dho Puente, y asimismo en el uso de la casa que alli ay para el Resguardo de los empleados â dho fin, ê intereses que Recauden: Es condicion por lo tocante â lo primero, no se hade poder pedir ni llebar en manera alguna â los Pasageros mas cantidad que la que està señalada â cada cosa en el Arancel, so pena de quedar sujetos â su debolucion con el quatro tanto justificado que sea el exceso. Y por lo Respectivo â lo segundo, se evitarà todo mal trato y abuso de dha casa, en el supuesto de que delo contrario habrà de responder y responderà el Arrendador de todo aquel daño y perjuicio que la sobreviniese por el mal uso que se hubiese hecho, para lo que bastarà solamente el Reconocimiento y declaracion que hiciesen los dos Peritos que nombrasen los Ynteresados.

2.ª

Que dho Puente y Casa selo hade dar â el

Condiciones para el arrendamiento del pontazgo del Puente de Viveros, 1795.
(Madrid, Archivo de Villa, Secretaría, 1-193-30).

Puente del Grajal, Colmenar Viejo.

Las Rozas. Puente de Retamar. Foto: Corella, 2006.

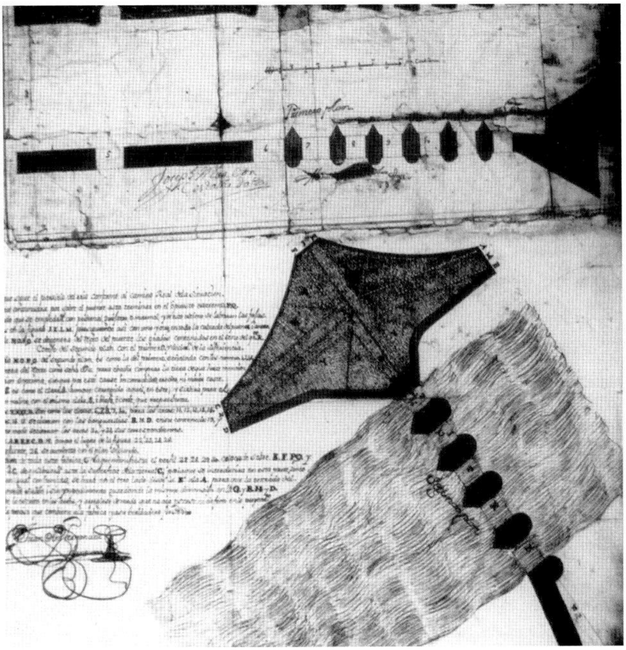

Ambite. Puente sobre el río Tajuña, c. 1755. (AHN).

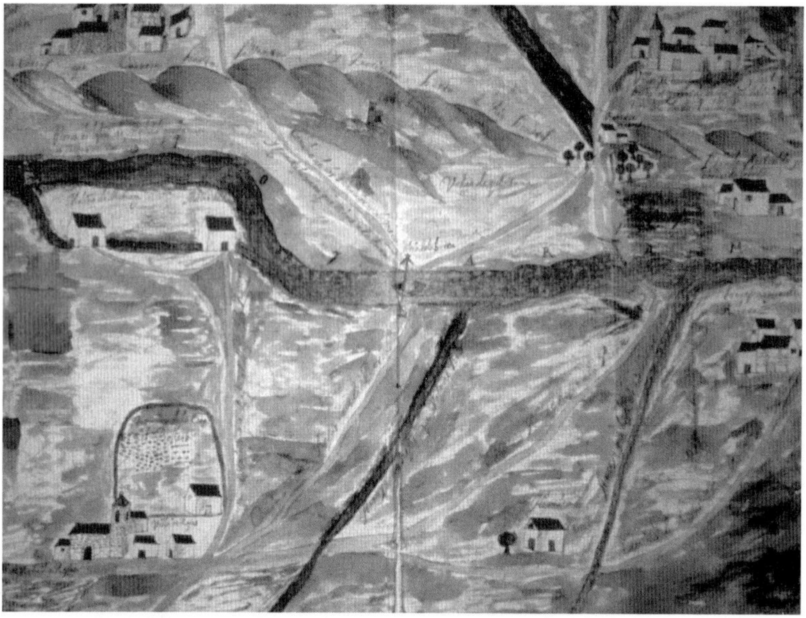

Topografía del entorno del Puente de Viveros sobre el río Jarama con ubicación de la barca, c. 1688, acuarela. (Archivo de Villa, Secretaría, 3-110-2).

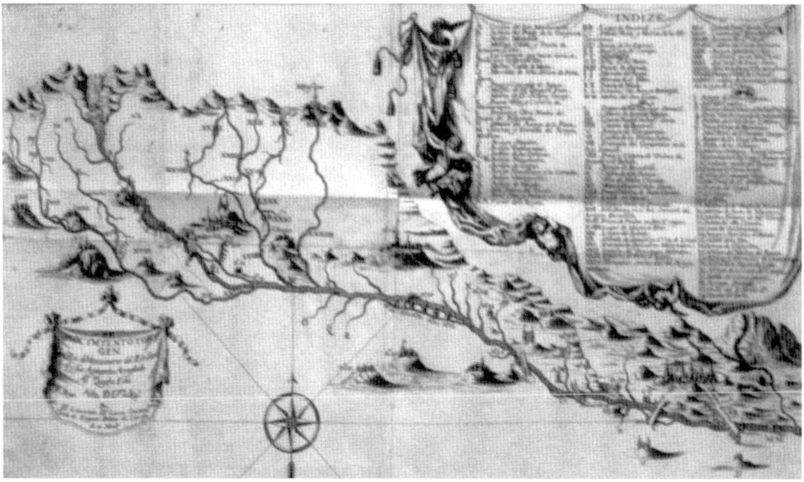

Conocimiento y origen del río Manzanares, hecho por el licenciado don Lucas Constantino Ortiz de Zugasti en 1724. (Archivo de Villa, Secretaría, 1-191-19).

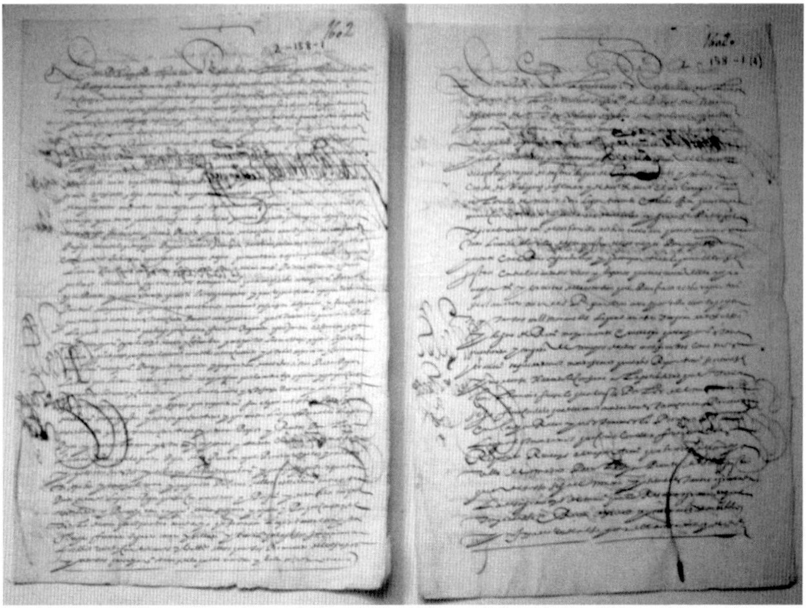

Real Cédula de 1602 relativa al Puente de San Agustín de Guadalix.
(Archivo de Villa, Secretaría, 2-158-1).

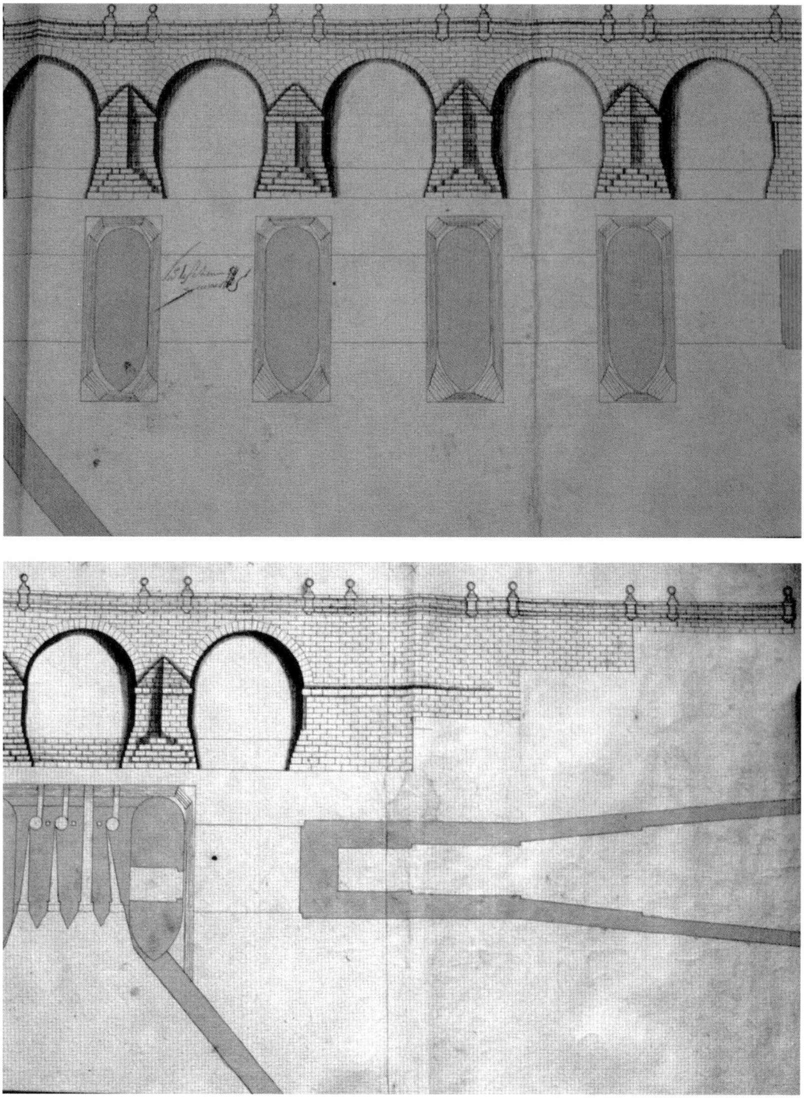

Las Rozas. Proyecto para el Puente del Rey, c. 1691, Juan de Setién Guemes. (Archivo de Villa, Secretaría, 0,59-11-16).

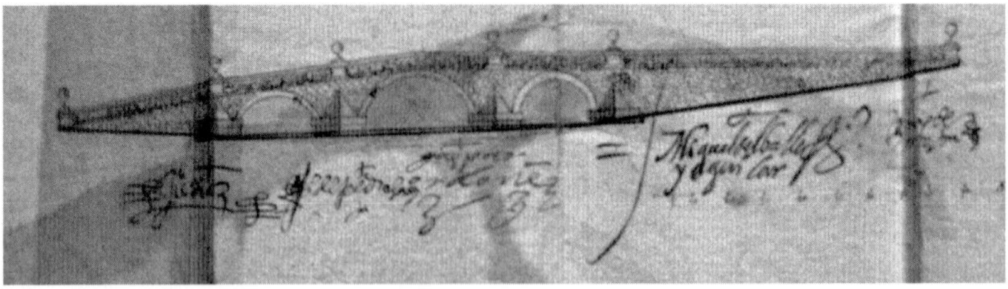

Proyecto de puente para el arroyo Abroñigal de los alarifes de Villa, c. 1623-1624.
(Archivo de Villa, Secretaría, 1-129-13).

Puente de Titulcia sobre el Tajuña, 1775. Manuel Serrano.
Foto: Corella, 1989.

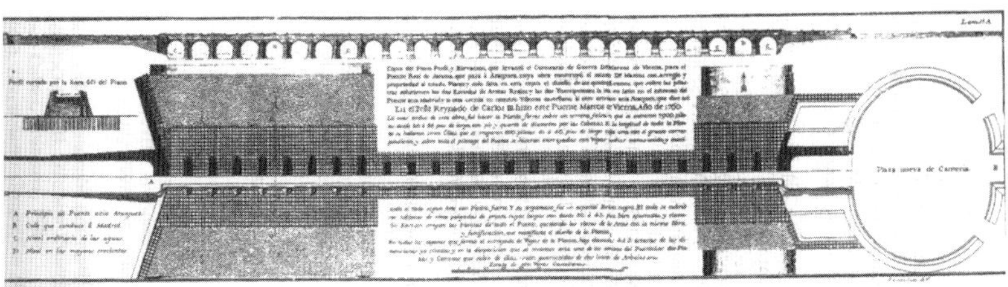

Aranjuez. Plano del Puente Largo, 1760, Marcos de Vierna (en M. Sánchez Taramas, 1769).

Aranjuez. Puente Largo, 1760. Marcos de Vierna.
(En Sánchez Taramas, 1769).

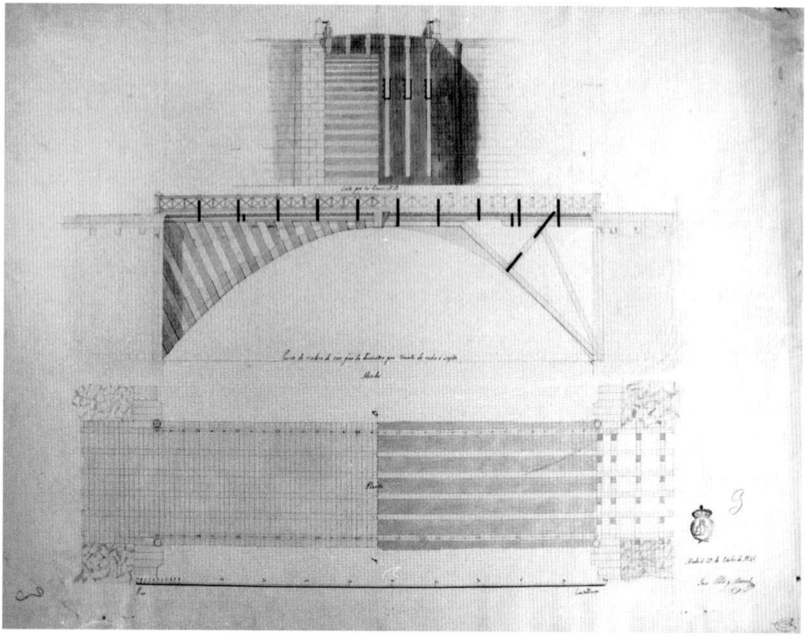

Proyecto de puente de madera. Madrid, 1845, José Polit. (Real Academia de Bellas Artes de San Fernando. Madrid. Dibujos, A-3.656).

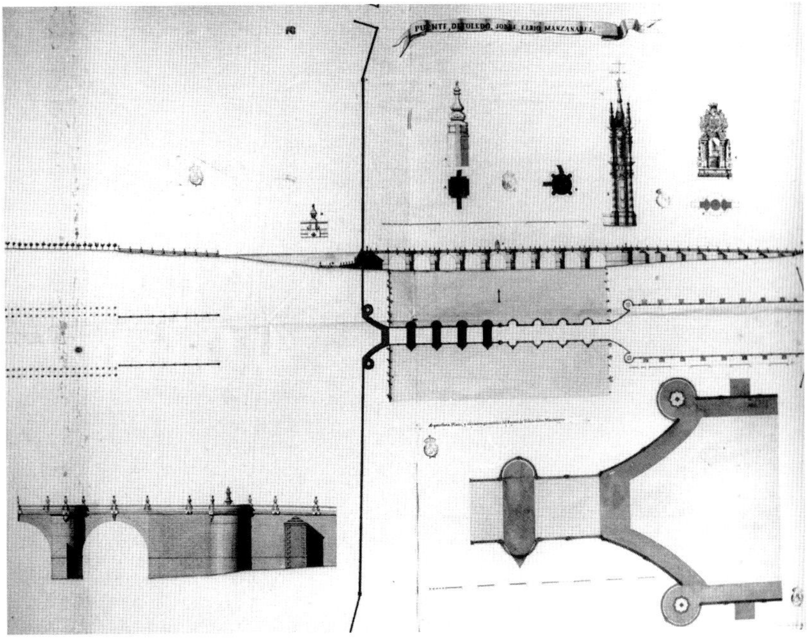

Madrid. Puente de Toledo sobre el Manzanares, José Téllez Nogués, 1756.
(Primer premio, 3ª clase; Real Academia de Bellas Artes de San Fernando. Madrid. Dibujos, A-3.634).

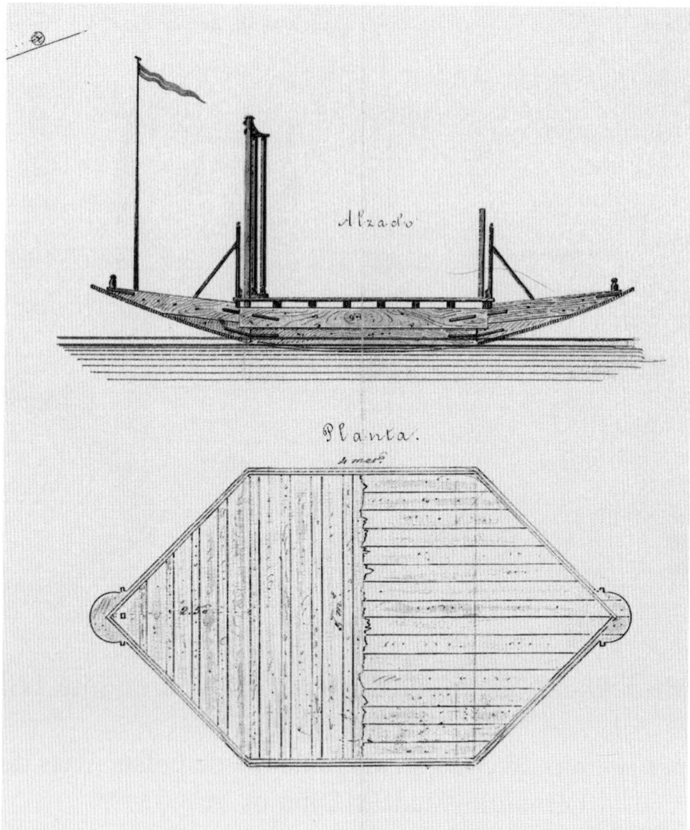

Proyecto de barca en el río Jarama en la carretera de San Fernando a Mejorada, 1872.
Archivo de la Comunidad de Madrid, Tres Cantos.
C. Andrés, 1989, p. 43-47.
(4 fotos).

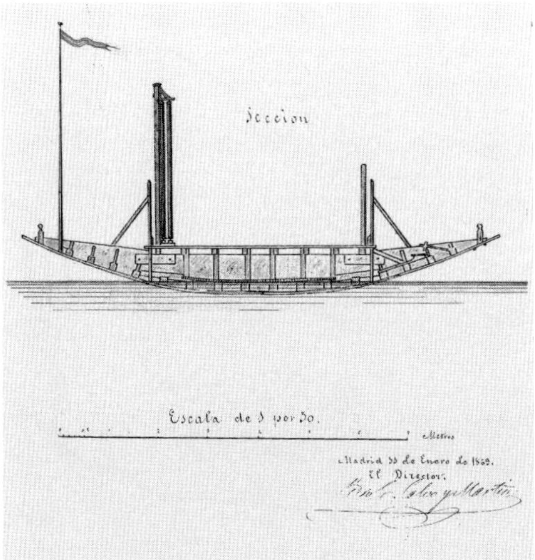

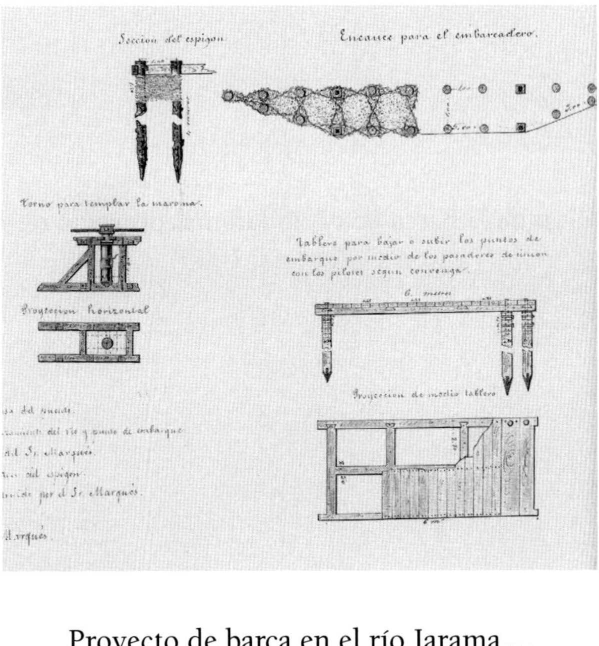

Proyecto de barca en el río Jarama..., dos dibujos, en C. Andrés, 1989.

Situación de la barca en el río Jarama, proyecto de 1872 (en C. Andrés, 1989).

Colmenar Viejo-El Pardo. Dibujo para el Puente de la Marmota, c. 1756-1758. (AGP).

Pilar Corella, Puente de su invención (a la manera de Palladio), 2015. Acrílico sobre lino, 65x54 cm. Madrid, colección particular.